Organização
de Eventos

Carmem Zitta

ORGANIZAÇÃO DE EVENTOS

Da ideia à realidade

6ª Edição
REVISADA E AMPLIADA

Livraria & Editora Senac – DF
Brasília – DF,
2024

SENAC • Serviço Nacional de Aprendizagem Comercial-DF

PRESIDENTE DO CONSELHO REGIONAL
José Aparecido da Costa Freire

DIRETOR REGIONAL
Vitor de Abreu Corrêa

DIRETORA DE EDUCAÇÃO PROFISSIONAL SENAC - DF
Cíntia Gontijo de Rezende

EDITORA SENAC DISTRITO FEDERAL

Coordenação Editorial
Sandra Ferreira Gusmão

Equipe da Editora
Sandra Gusmão
Higo Dantas
Nair Ofuji
Valdeir Gama

EDITORA SENAC-DF
Centro Administrativo José Roberto Tadros
St. de Grandes Áreas Norte (SGAN) Qd. 712/912 - Conjunto "E" - Asa Norte
Brasília - DF, 70790-125 - Telefone: (61) 3771-9898
e-mail: editora@df.senac.br
home page: df.senac.br/editora

Copyright © by Carmen Zitta
Todos os direitos desta edição reservados à Editora Senac-DF
Editora Senac Distrito Federal, 2024

CONSELHO EDITORIAL
Alexandre Chitarrelli Torres
Cíntia Gontijo de Rezende
Diego de Araújo Goes Recena Grassi
Luis Afonso Bermudez
Luis Carlos Pires de Araújo
Sandra Ferreira Gusmão

NESTA EDIÇÃO

Revisão
Marina Hochmann

Capa e Projeto Gráfico
Tiago Ianuck

Diagramação
Gustavo Coelho

Revisão de prova
Nair Ofuji

FICHA CATALOGRÁFICA

Z82o	Zitta, Carmem.
	Organização de Eventos: da ideia à realidade/ Carmem Zitta. 6. ed - Brasília: Editora Senac-DF, 2024
	388p.il ; 16x23cm
	ISBN: 978-85-62564-48-2
	1. Cerimonial - vida social 2. Eventos - organização I-Título
	CDU: 641.1

Dedicatória

Tudo aquilo que conseguimos em nossa vida alcançamos, de forma direta ou indireta, por termos uma família à frente e por trás de nossas ações.

Esse núcleo social representa a nossa base, o alicerce, a luz que direciona e ilumina nossos passos, nossos anseios e nossos desejos.

Desejo dedicar esta obra à minha família, especialmente às minhas irmãs Marilene Gonçalves Oliveira Silva e Mirian Alves Gonçalves, que me incentivaram a dar continuidade a este trabalho, agradecendo por mais esta conquista em minha vida.

A autora

Criar e transformar ideias em eventos de sucesso nem sempre são tarefas fáceis. É preciso ter paciência e, acima de tudo, organização, pois cada evento tem sua própria característica, e se diferencia pelos seus objetivos, programação e abrangência.

Nesta obra, a autora fornece diversas dicas, diferencia o público-alvo, mostra a duração e os cuidados necessários para o sucesso de um evento. O livro apresenta ideias para profissionais e também para o público em geral que, antes de ser profissional, gosta de festas e prima por organizar com esmero e dedicação o seu próprio evento social, como batizados, aniversários de 15 anos, casamentos, bodas de prata, de ouro ou de platina, festas de encerramento de ano, entre outras comemorações importantes.

O livro fornece técnicas utilizadas para organização dos mais diversos eventos -simpósios, cerimoniais, exposições, entre muitos outros, com o objetivo de apresentar as regras, os meios e os procedimentos utilizados para a realização de cada um deles.

A obra é um guia completo para os profissionais das áreas de Recursos Humanos, Assistência Social, Comunicação e Marketing, Serviço Médico, Treinamento e Desenvolvimento de Recursos Humanos, entre outras que organizam seminários, congressos, jornadas, painéis, mesas redondas.

Mensagem

As transformações humanas e da natureza

O dia começa com o sol iluminando e energizando todos os seres vivos existentes no planeta Terra, passando pelo firmamento minuto a minuto até chegar ao final da tarde, dando lugar ao anoitecer.

Nesse momento, somos agraciados com a chegada da lua que, com o seu brilho e a sua luz traz para nós a beleza, a inspiração e a paz do amor, adormecido pelo dia ensolarado e cheio de atribulações preocupantes.

Com a sua chegada, inicia-se, novamente todo o processo de transformação no firmamento.

Assim é a nossa vida. Desde o nascimento até o último momento, passamos por diversas modificações e transformações na maneira de pensar, agir e reagir diante dos fatos e das circunstâncias.

Também, como a natureza, algumas transformações são altamente benéficas e necessárias. Outras são desastrosas e enganosas, sem a luz divina, nos mostrando que os passos percorridos não foram os mais acertados.

A diferença das duas transformações – natureza e ser humano – é que o homem tem a oportunidade de refletir e buscar um novo caminho e, a natureza, tem a calma e a paz da bonança, demonstrando-nos profunda sabedoria, e nos agraciando com um novo porvir!

Carmem Zitta

Sumário

Apresentação 19

Capítulo 1
Técnicas Grupais: Definições, normas e procedimentos 21

CONCEITO DE EVENTO 23
- DIALOGAL 23
- TIPOS DE REUNIÕES DIALOGAIS: 23
- COLOQUIAL 24
- TIPOS DE REUNIÕES COLOQUIAIS: 24
- CLASSIFICAÇÃO POR CATEGORIA 24
- CLASSIFICAÇÃO POR ÁREA DE INTERESSE 24

TÉCNICAS GRUPAIS 26
- ESCOLHA DA TÉCNICA 26
- OS OBJETIVOS PRETENDIDOS 26
- A MATURIDADE DO GRUPO 26
- O TAMANHO DO GRUPO 26
- O AMBIENTE FÍSICO 27
- A CAPACIDADE DO CONDUTOR 27
- NORMAS GERAIS PARA USO DAS TÉCNICAS GRUPAIS 28

DESCRIÇÃO DAS TÉCNICAS GRUPAIS 28
- EVENTOS EMPRESARIAIS 28
- DEBATE 28
- OBJETIVOS 29
- COMPONENTES 29
- MESA-REDONDA 30
- FINALIDADE 30
- COMPONENTES DA MESA-REDONDA 30
- DESENVOLVIMENTO DA MESA-REDONDA 31

FORUM 33
UTILIZAÇÃO 33
FINALIDADE 33
NORMAS 33

SIMPÓSIO 34
OBJETIVOS 34
OPORTUNIDADES DE USO 34
PRECAUÇÕES PARA A REALIZAÇÃO DE UM SIMPÓSIO 35
COMPONENTES DO SIMPÓSIO 35
DISPOSIÇÃO PARA A REALIZAÇÃO DO SIMPÓSIO 37
DESENVOLVIMENTO DE UM SIMPÓSIO 37

SEMINÁRIO 38
CARACTERÍSTICAS 38
COMPONENTES DE UM SEMINÁRIO 39
DESENVOLVIMENTO DO SEMINÁRIO: 40

PAINEL 41
OBJETIVOS 41
COMPONENTES DO PAINEL 42
DISPOSIÇÃO DOS MEMBROS 43
DURAÇÃO 43

PAINEL COM INTERROGADORES 43
COMPONENTES 44
PÚBLICO 45
COMO SE DESENVOLVE 46

BRAINSTORMING – GRUPO DE *BRAIN* 47
AS TRÊS FASES DE UM *BRAINSTORMING* 47
CONDIÇÕES DE REALIZAÇÃO 48
ORGANIZAÇÃO DO GRUPO 48
A INFRAESTRUTURA 48
OS OBSERVADORES 49
INSTRUÇÕES 49
REGRA COMPLEMENTAR 50

CAMPANHA 50

CONCURSO 51

DIA-DE-CAMPO 52

ENTREVISTA COLETIVA 53

EXPOSIÇÃO 53

MOSTRA 55

LANÇAMENTO 55

PEDRA FUNDAMENTAL 56

VISITA INFORMAL / VISITA OFICIAL 56

PALESTRA 58

CURSO 59

WORKSHOP	*60*
CONGRESSO	**60**
ENCONTRO	**61**
COMEMORAÇÃO PROFISSIONAL	**63**
HAPPY HOUR	*63*
FEIRA	**64**
RODADA DE NEGÓCIOS	**64**
CONVENÇÃO	**65**
SEMANA	**66**
CONFERÊNCIA	**67**
COLÓQUIO	**68**
VIDEOCONFERÊNCIA	**68**
VANTAGENS	69
PROBLEMAS	69
CAFÉ DA MANHÃ – PROFISSIONAL	**69**
VISITAS EMPRESARIAIS	**70**
REUNIÕES DE TRABALHO	**71**
AS ETAPAS	72
SESSÕES SOLENES	**73**
PROCEDIMENTOS NA ORGANIZAÇÃO:	73
POSSES	**74**
PROVIDÊNCIAS	74
SALÃO	**75**
INAUGURAÇÃO	**75**
EVENTOS SOCIAIS	**77**
CASAMENTO	**77**
PROCEDIMENTOS DO CASAMENTO	79
DATAS DE CASAMENTO	82
PASSOS ATÉ O ALTAR E DICAS PARA A GRANDE FESTA	84
ENXOVAL	85
QUARTO DO CASAL	85
QUARTO DE VISITAS (OPCIONAL)	85
QUARTO DE EMPREGADA (OPCIONAL)	85
BANHEIRO DO CASAL	86
BANHEIRO DE EMPREGADA (OPCIONAL)	86
SALA DE JANTAR	86
COPA E COZINHA	86
ÁREA DE SERVIÇO	87
LISTA MAIS COMPLETA - PARA DEIXAR NAS LOJAS, UMA RELAÇÃO DOS PRESENTES DE CASAMENTO. CONFIRA:	87
METAIS	87
ELETRODOMÉSTICOS	88

- DECORAÇÃO 89
- OUTROS 89
- CHÁ DE COZINHA 90
- CHÁ DE BAR 92
- CARTILHA DO BAR 92
- ACESSÓRIOS 92
- BEBIDAS 93
- COPOS 93
- COMEÇAR A PREPARAR TUDO COM ANTECEDÊNCIA DE 6 A 12 MESES 93
  - 3 MESES ANTES 94
  - 2 MESES ANTES 94
  - 45 DIAS ANTES 95
  - 30 DIAS ANTES 95
  - 3 SEMANAS ANTES 95
  - 2 SEMANAS ANTES 95
  - 1 SEMANA ANTES 96
  - 2 DIAS ANTES 96
  - 1 DIA ANTES 96
  - NO GRANDE DIA 96
- *SOUVENIRS* 96
- DVD, VÍDEO E FOTO - IMAGENS GUARDADAS PARA SEMPRE. 97
- RECEPÇÃO – A FESTA CERTA DE ACORDO COM CADA ESTILO 97
- CAMPO - CENÁRIO DE SONHOS PARA O CASAMENTO. 98
- IGREJA - DECORAÇÃO E MÚSICA PARA CADA HORÁRIO 98
- BODAS DE PRATA, OURO OU PLATINA 99
- FESTA: 15 ANOS 100
- 15 ANOS - ANIVERSARIANTE MASCULINO 101
- 13 ANOS - BAR-MITZVÁ - ANIVERSARIANTE MASCULINO 101
- RECEPÇÕES 101
- CHÁ 101
- DRINQUES 102
- COFFEE - BREAK 103
- COQUETEL 103
- BRUNCH 104
- CHÁ DA TARDE 104
- ALMOÇO/ JANTAR 105
- EXCURSÃO SOCIAL 105
- JANTAR DANÇANTE 106
- FESTAS PÚBLICAS 106
- FESTAS TEMÁTICAS 106
- FESTAS INFANTIS 107
- EVENTOS ESPORTIVOS 108
  - TORNEIO 108
  - GINCANA 108

EVENTOS CULTURAIS 109
- SHOW 109
- MEGASHOW 109
- TALK-SHOW 109
- SARAU 110
- LUAU 111
- FORMATURA 112
- DESFILE 113

CONDIÇÕES BÁSICAS PARA O SUCESSO DE UM DESFILE: 114
HORÁRIO IDEAL VARIADO: 114
VERNISSAGE 114
NOITE/TARDE DE AUTÓGRAFOS 115
CARACTERIZA-SE: 115
EVENTOS RELIGIOSOS **116**
    FESTAS RELIGIOSAS 116
    MISSAS 116
    CERIMÔNIA FÚNEBRE 117
    MISSA DE 7º DIA 120
    ORGANIZADOR DE EVENTOS. 121
    COORDENADOR DE EVENTOS 121
    RECEPCIONISTAS DE EVENTOS 121
    COORDENAÇÃO DE EVENTOS. 121
    ORGANIZAÇÃO DE EVENTOS. 121
APOIOS PARA ORGANIZAÇÃO DE EVENTOS PROFISSIONAIS OU CORPORATIVOS SÃO:
    1- APOIO OPERACIONAL 122
    2- SECRETARIA DE TRABALHOS OU DE EVENTOS 125
    3- APOIO LOGÍSTICO AO EVENTO 128
    4- APOIO DE PESSOAL (TERCEIRIZADOS) 135
    5- APOIO EXTERNO 136
    6- TRADUÇÃO SIMULTÂNEA E TRADUÇÃO CONSECUTIVA 140
    6.2 TRADUÇÃO CONSECUTIVA 141

Capítulo 2
Impasses para se organizar um evento 143

    QUANTIDADE DE PESSOAS 145
    MENU 146
    ADEQUAÇÃO DO VESTUÁRIO AO EVENTO 147
    LOCAL ADEQUADO PARA O EVENTO 148
    CUMPRIMENTO DA PROGRAMAÇÃO PRÉ-ESTABELECIDA 149
    AGRADAR A TODOS 150
CONCILIAÇÃO DE AGENDA DE CONVIDADOS ESPECIAIS, POLÍTICOS E AUTORIDADES 151
    CONTROLE GERAL DA SITUAÇÃO 152
    PONTUALIDADE 153
    CUMPRIMENTO DE EXIGÊNCIAS 153
    MÃO-DE-OBRA QUALIFICADA 155
    PONTUALIDADE DAS AUTORIDADES 155
    CULTURA PATERNALISTA 155
    EXCESSO DE PODER – AUTORITARISMO – ESTRELISMO 156
    CUSTOS INVIÁVEIS 156
    CUMPRIMENTO DE PRAZOS 157
    VIABILIDADE NA ORGANIZAÇÃO DE EVENTO 158
    COMPROMETIMENTO NO EVENTO 158
    COMISSÃO ORGANIZADORA INTEGRADA COM O CERIMONIAL 159
    RECEPÇÃO E SERVIÇOS AOS PARTICIPANTES 160
    ROTEIRO BÁSICO PARA A RECEPÇÃO DE EVENTOS 162
    DATA DA EXECUÇÃO DO EVENTO 162
    TEMÁRIO DO EVENTO 163

PROPAGANDA DO EVENTO 163
NOTÍCIAS SOBRE O EVENTO 163
CALENDÁRIO 164
ESFORÇOS DE VENDAS OU OBTENÇÃO DE RECURSOS FINANCEIROS 165
VENDA DE ESPAÇOS PARA ESTANDES 165
CONTRIBUIÇÕES PRIVADAS E PÚBLICAS 166
IDENTIFICAÇÃO E ANÁLISE DOS PARTICIPANTES 167
QUALIDADE NA PRESTAÇÃO DE SERVIÇOS 168
ORGANIZAÇÃO E HARMONIZAÇÃO DO AMBIENTE 170

Capítulo 3
Avaliação consciente da ideia do evento 171

AVALIAÇÃO CONSCIENTE DA IDEIA DO EVENTO 173
1ª FASE – AVALIAÇÃO DA IDEIA DO EVENTO 173

Capítulo 4
Liderança de eventos 181

DELEGAÇÃO E ACOMPANHAMENTO DE TAREFAS DAS EQUIPES 183
DIFERENÇA ENTRE EFICIÊNCIA E EFICÁCIA 184
NEGOCIAÇÃO EM EVENTOS 184
NÃO EXISTE NEGOCIAÇÃO SEM ENVOLVIMENTO
E MOTIVAÇÃO 184
O QUE LEVA A POSIÇÕES POSITIVAS 185
PARA O SUCESSO NAS NEGOCIAÇÕES: 185
O COMPRADOR QUER GANHAR, MAS O NEGOCIADOR TAMBÉM! 186
PARA ISSO, É PRECISO QUE O NEGOCIADOR: 186
TIPOS DE COMPRADORES DE IDEIAS – ANÁLISE 186
ANTES DE NEGOCIAR, DEVE-SE: 187
LEMBRE-SE, O COMPRADOR SEMPRE EXAGERA 187
CLASSIFICAÇÃO DAS CONCESSÕES: 187
AVALIANDO AS QUALIFICAÇÕES COMO NEGOCIADOR 188
AS 10 QUALIDADES DE UM LÍDER 189
DELEGAR E ACOMPANHAR TAREFAS 190
INTENCIONALIDADE 194
ORGANIZAÇÃO 195
INTUIÇÃO 195
OPORTUNIDADE 195

Capítulo 5
Fluxogramas e formulários necessários na organização
do evento 197

APRESENTAÇÃO 199
FLUXOGRAMAS DAS FASES DO PLANEJAMENTO 200
ETAPA PLANEJAMENTO 201
ETAPA ORGANIZAÇÃO 201
ETAPA EXECUÇÃO 211
ETAPA AVALIAÇÃO 227

FORMULÁRIOS 228
    AVALIAÇÃO 238
    CONTROLE DE LIGAÇÕES 239
    CONTROLE DE CÓPIAS 239
    AVALIAÇÃO 240

Capítulo 6
Elaboração de projetos de eventos 243
    OBJETIVO DESTE CAPÍTULO 245
    PROJETO 245
    1 - CONCEITOS BÁSICOS 245
    2 - ETAPAS DE UM PROJETO 249
    3 - ASPECTOS MULTIDISCIPLINARES DO PROJETO 252
    4 - TÉCNICAS PARA AVALIAÇÃO E DECISÃO 260
    5 - ROTEIRO BÁSICO 261

Capítulo 7
Modelos de planejamento financeiro e formulários de controle de um evento 267
    ADMINISTRAÇÃO ECONÔMICA E FINANCEIRA DO EVENTO 269
    DETERMINANTES DE RECEITA 271
    RECEITA FINAL DO EVENTO 271
    DETERMINANTES DO PREÇO DE VENDA OU DESPESAS DO EVENTO ...271
    PREÇO DE VENDA/DESPESAS 272
    ANÁLISE ECONÔMICA E FINANCEIRA DO EVENTO (RESUMO). 273

PLANEJAMENTO FINANCEIRO - REFORÇO DE APRENDIZAGEM ..275
    PREVISÃO FINANCEIRA 275
    PATROCÍNIO 275
    PLANEJAMENTO 275

ESTRUTURA GERAL DO EVENTO 275
    1. EXEMPLO DE LIVRO DE MOVIMENTAÇÃO DIÁRIA 276
    2. EXEMPLO DE TOMADA DE PREÇOS 277
    3. ESTRUTURA ADMINISTRATIVA DE UM EVENTO – ORGANOGRAMA ...278
    4. EXEMPLO DE BALANCETE DE UM EVENTO 279
    5. EXEMPLO DE FLUXO DE CAIXA 280
    6. EXEMPLO DE REQUISIÇÃO DE MATERIAL 281
    7. EXEMPLO DE CONTROLE DE ESTOQUE 281

Capítulo 8
Check-List para eventos empresariais 283

Capítulo 9
Noções de Cerimonial e Protocolo de Eventos 291
    ORIGEM 293

CONCEITO 293
JUSTIFICATIVA 293
CONSIDERAÇÃO 294
PARA QUE SERVEM O CERIMONIAL E PROTOCOLO 294
COMO ORGANIZAR A PRECEDÊNCIA EM: 294
BANQUETES 294
PROVIDÊNCIAS PARA UM JANTAR FORMAL 294
CARTÃO DE MESA 295
CARTÃO DE PLANO 296
ESTUDOS PARA COMPOSIÇÃO DE CABECEIRAS 296
METODOLOGIA PARA SE ORGANIZAR PRECEDÊNCIA, COMPOSIÇÃO DE MESA E A ORDEM DOS DISCURSOS 303
DEFINIÇÃO DO ESTADO BRASILEIRO 310
SÍMBOLOS NACIONAIS BRASILEIROS 311
EVOLUÇÃO HISTÓRICA DA BANDEIRA DO BRASIL 312

Capítulo 10
Noções de etiqueta e comportamento à mesa 315

Capítulo 11
Como atuar nas profissões de mestre de cerimônias e cerimonialista em eventos 325

Capítulo 12
Segurança em Organização de Eventos 345

Capítulo 13
Como realizar reuniões produtivas na preparação do pré – durante e após eventos 353

Conclusão 365

Glossário técnico de eventos 369

Referências 385

Apresentação

É comum profissionais das áreas de turismo, hotelaria, centros de convenções, recursos humanos, assistência social, desenvolvimento de pessoal, secretariado, entre outras, buscarem apoio teórico e prático para a realização de seus empreendimentos no segmento de eventos.

Em pleno início do século XXI ainda existe pouca bibliografia no segmento de eventos, muito embora as universidades e instituições de ensino estejam com suas atenções voltadas para o desenvolvimento e aprimoramento de promotores de eventos profissionais, como: congressos, seminários, encontros, inaugurações, e também de eventos sociais, esportivos e culturais, entre outros.

Todo evento parte de uma "fantasia", inicialmente, chegando-se à idealização na implantação das ideias e projetos, buscando atrair a atenção do público, sensibilizando-o a partir de um plano de ações articuladas que, se bem programadas por meio de uma comunicação aproximativa, poderá trazer resultados favoráveis e sucesso absoluto. Importante enfatizar que cada evento tem sua própria característica. Eles se diferenciam na organização pelos seus objetivos, público alvo, programação e abrangência. Para se determinar se a técnica grupal escolhida para um evento será um seminário, por exemplo, precisamos, em primeiro lugar, saber o que é um seminário, seu funcionamento, suas características e qual a diferença deste para um ciclo de palestras ou uma conferência.

O principal objetivo deste livro é apresentar as regras, os meios, os procedimentos e as formas sistematizadas de tipos de eventos e de cerimônias, elaborando um plano de ação de acordo com suas características e definições próprias.

Mas não basta somente isto. É preciso avaliar os procedimentos e cuidados necessários para o sucesso do evento, certificar-se de que a ideia do acontecimento é viável, saber delegar, acompanhar as tarefas e os passos da equipe, elaborar fluxogramas, utilizar formulários que auxiliem no controle das atividades, elaborar o projeto de forma detalhada e ordenada, desenvolver um check-list das tarefas, utilizando os termos técnicos do segmento de eventos e definir um plano de mídia. Estes procedimentos fazem parte dos capítulos que compõem este livro.

Seguindo as orientações, todas as atividades serão conduzidas a um plano geral de procedimentos norteadores da abrangência e do controle total do evento.

A autora

Capítulo 1

Técnicas Grupais
Definições, normas e procedimentos

CONCEITO DE EVENTO

Evento é um acontecimento onde se reúnem diversas pessoas com os mesmos objetivos e propósitos sobre uma atividade, tema ou assunto. Podemos considerar evento também como reunião, onde pessoas vão discutir interesses comuns. Para melhor compreender este conceito, vamos classificar reuniões com os seguintes tipos:

DIALOGAL

TIPOS DE REUNIÕES DIALOGAIS:

Informativa: seu objetivo principal é informar, não formar ou proporcionar aquisição de conhecimentos, embora suscite questionamentos e esclarecimentos nas discussões:palestras, conferências, sessões de atividade (*brainstorm*), jornadas, entrevistas coletivas ou individuais, entre muitos outros.

Questionadora - foro, debate, mesa redonda, painel com interrogadores, encontros, semana e congresso.

Dialética - eventos em parlamentos e tribunais de júri.

Expositivo - feiras de diversos tipos, exposições de artesanato, tapeçarias, cerâmica, amostras, demonstrações.

Competitivos - concursos, torneios, disputas, campeonatos.

Deliberativa - comissão de júri, assembléias, convenção partidária e conclave.

Instrutiva - estudo de casos, pesquisas, círculo de estudos, grupo de verbalização e observação, jogo de empresa, dramatização, curso, seminário, pós-graduação e mestrado.

COLOQUIAL

TIPOS DE REUNIÕES COLOQUIAIS:

Recreativa - sessão de pequenos jogos, jogos de salão, excursão.

Social - festas, baile, visita, *brunch*, almoço, jantar, café da manhã, coquetel, *happy hour*.

Todos estes eventos partem de técnicas de reuniões e pela multiplicidade de eventos que se pode realizar empresarialmente. Facilita seu estudo classificá-los por categorias, área de interesse ou por tipo, podendo ser agrupados em várias áreas de interesse.

CLASSIFICAÇÃO POR CATEGORIA

Institucional - objetiva firmar, criar e/ou reforçar o conceito e imagem da empresa, da entidade, do governo e da pessoa. Os eventos institucionais vêm de empresas ou instituições.

Promocional - objetiva a promoção de um produto ou serviço de uma empresa, governo, entidade ou pessoa, em apoio a marketing, visando fins mercadológicos.

Por estas definições, se permitirá chegar à correta definição do público, na medida em que os eventos institucionais contam com um público bem amplo, mais do que os eventos promocionais.

CLASSIFICAÇÃO POR ÁREA DE INTERESSE

Artístico - quanto está relacionado a qualquer espécie de arte (música, dança, pintura, poesia, literatura…).

Científico - quando trata de assuntos científicos nos campos da medicina, física, química, biologia…

Cultural - tem por objetivo ressaltar os aspectos da cultura, para conhecimento geral ou promocional.

Educativo - quando o objetivo final é a educação.

Informativo - objetiva somente fornecer informação, sem pretensões educativas ou culturais.

Folclórico - o trata das manifestações de culturas regionais de nosso ou de outro país, abordando lendas, tradições, hábitos e costumes típicos.

Cívico - trata de assuntos ligados à Pátria.

Político - trata de assuntos ligados aos partidos políticos ou manifestações públicas ligadas à política.

Governamental - trata de realizações do governo, em qualquer instância, mesmo que se insira em outra categoria.

Lazer - objetiva proporcionar entretenimento ao seu participante.

Social - quando visa somente o encontro entre pessoas, para confraternização.

Desportivo - qualquer tipo de evento no setor esportivo independente de sua modalidade.

Religioso - trata de assuntos religiosos, seja qual for o credo abordado.

Turístico - seu objetivo é a exploração dos recursos turísticos de uma região ou país, por meio de viagens de conhecimento.

Turismo de Negócios - caracteriza-se pela presença de executivos, empresários e profissionais que aproveitam a oportunidade de unir trabalho e lazer, quando em viagem de negócios.

Turismo de Eventos - está relacionado a seminários, congressos e solenidades realizados com certa periodicidade.

Observação - Alguns eventos podem se enquadrar em várias áreas de interesse simultaneamente.

Exemplo: Num congresso sobre qualquer tema pode ocorrer, ao mesmo tempo, um evento social ou de lazer, artístico, cultural, entre outros, dependendo de toda a programação planejada e, principalmente, do objetivo que se deseja alcançar.

TÉCNICAS GRUPAIS

São os meios, as maneiras ou procedimentos sistematizados empregados em situações de grupo a fim de obter uma ação grupal eficaz. São técnicas fundamentadas cientificamente e estão suficientemente testadas no campo da educação, com resultados bastante favoráveis.

ESCOLHA DA TÉCNICA

Algumas técnicas grupais são padronizadas e tradicionais, outras são espontâneas, estando à disposição para seu uso em um evento. É necessário, porém, estar ciente das possibilidades e limitações delas, em função da índole e dos objetivos do grupo.

OS OBJETIVOS PRETENDIDOS

Há técnicas que se utilizam para se promover, por exemplo:

- intercâmbio de ideias;
- treinamento em tomada de decisões;
- participação total;
- capacidade de análise;
- integração total.

A MATURIDADE DO GRUPO

As técnicas devem ser aplicadas de acordo com o progresso do grupo.

O TAMANHO DO GRUPO

A atuação dos grupos depende, em grande parte, do seu tamanho. Em grupos pequenos (até 15 ou 20 pessoas) consegue-se maior coesão, as relações são mais estreitas e a interação é mais fácil de se obter. Por isso, os grupos pequenos favorecem o uso de técnicas informais e permissivas. Nos grandes grupos, o cuidado do organizador é maior, pois deverão escolher técnicas "fragmentárias", baseadas na subdivisão dos grupos, exigindo maior experiência do condutor.

O AMBIENTE FÍSICO

É um fator capaz de influir na escolha da técnica grupal. Algumas exigem a utilização de recursos auxiliares, como:

- quadro-negro / branco;
- cartazes;
- processador de multimídia
- mesa e cadeiras;
- cenário;
- processador de multimídia;
- retro-projetores;
- projetor de slides etc.

Outras técnicas podem requerer, também, um local amplo, com boa acústica e iluminação, para permitir a atuação de grandes e pequenos grupos.

A disponibilidade desses recursos representa a primeira indicação para o organizador na seleção das técnicas.

A CAPACIDADE DO CONDUTOR

As técnicas grupais exigem treinamento e experiência do condutor, a quem se recomenda:

- selecionar as técnicas compatíveis com suas atitudes e possibilidades de controle;
- ter bom conhecimento do grupo;
- conhecer o mecanismo da técnica, atuando com prudência e entusiasmo.

NORMAS GERAIS PARA USO DAS TÉCNICAS GRUPAIS

Cada técnica possui suas regras específicas, derivadas de sua natureza particular. Entretanto, existem normas de caráter geral que devem ser conhecidas pelo organizador para poder utilizá-las com êxito:

- antes de fazer uso de uma técnica de grupo, conheça suficientemente sua estrutura, sua dinâmica, suas possibilidades e seus riscos;
- dentro do possível, siga o procedimento indicado para cada caso;
- as técnicas de grupo devem ser aplicadas com um objetivo claro e bem definido;
- em todo momento precisa haver uma atitude de cooperação;
- as técnicas grupais baseiam-se no trabalho voluntário, na boa intenção e no "jogo limpo".

As técnicas de grupo têm como finalidade implícita:

- desenvolver o sentimento da construção do NÓS;
- ensinar a escutar de modo compreensivo;
- ampliar a capacidade de cooperação, intercâmbio, responsabilidade, autonomia e criação.

DESCRIÇÃO DAS TÉCNICAS GRUPAIS

EVENTOS EMPRESARIAIS

DEBATE

O debate acontece quando um tema suscita posições contrárias ou mesmo quando fortes dúvidas formam blocos de opiniões divergentes.

Ele pode acontecer no decorrer de uma discussão, quando um conceito, uma apreciação ou tese não alcançam unanimidade. Neste caso, os elementos se voltam para defender os próprios pontos de vista.

Assim, o método de debate é uma competição intelectual em grupo, quando uns procuram demonstrar a superioridade de suas teses sobre as dos outros.

O método exige conhecimento prévio sobre o tema. Do contrário, ter-se-á uma troca inconsequente de argumentos, podendo chegar a ofensas pessoais. Assim, o método leva a argumentar de forma lógica os prós e os contras de uma tese.

Objetivos

- Desenvolver a argúcia para anotar detalhes e minúcias que possam servir de argumentos ou contra-argumentos;
- desenvolver a capacidade de argumentar logicamente;
- fortalecer o espírito combativo, com o consequente fortalecimento da autoconfiança.

Componentes

O método requer:

- Moderador;
- secretário;
- debatedores;
- platéia.

Moderador - fica atento ao debate para não degenerar em violências verbais e não cair em impasses opiniáticos e emocionais. O debate deve transcorrer de forma animada, porém sempre num nível intelectual elevado.

Secretário - anota no quadro-negro / branco os argumentos pró e contra de uma tese para serem confrontados e apreciados pela platéia.

Debatedores - são pessoas de posições diferentes em relação a uma tese ou um tema. Os opositores poderão ser um contra um, dois contra dois, três contra três ou representantes de um grupo contra representantes de outro.

Platéia - é o restante dos elementos ou grupos que fornecem os debatedores.

MESA-REDONDA

É a reunião de especialistas, sustentando posições divergentes a respeito de um tema.

Finalidade

Um grupo de pessoas especializadas em determinado assunto apresenta e expõe pontos de vista divergentes ou contraditórios sobre um mesmo tema.
Visa dar ao auditório a oportunidade de conhecer o pensamento de técnicos ou especialistas sobre um assunto controvertido.

Componentes da mesa-redonda

- Coordenador/moderador;
- expositores;
- auditório.

Coordenador/moderador - abre a sessão, apresenta os expositores, justifica a mesa-redonda, impede excessos nas apresentações, controla as exposições, auxilia na participação do auditório, delimita o tempo e, na hora aprazada, encerra a sessão, agradecendo a participação de todos. O coordenador deve ser imparcial quanto aos conceitos emitidos, esforçando-se para que sejam apresentados de maneira racional e não facciosa.

Expositores - enfatizam a existência da mesa-redonda. Cada expositor tem, no máximo, dez minutos para o uso da palavra. Todos os expositores devem falar, não se limitando a apenas um dos participantes, aceitando as determinações do coordenador quanto ao tempo esgotado. Todos devem falar sempre sentados.

Auditório - é composto por pessoas interessadas no tema em foco.

Disposição dos Componentes de uma Mesa-Redonda

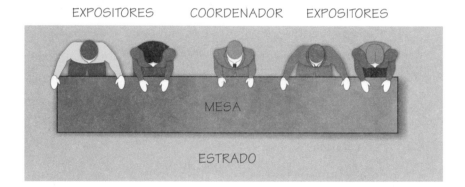

Desenvolvimento da Mesa-Redonda

O coordenador acerta o tema da mesa-redonda, podendo ser de interesse geral ou de um só grupo. Neste caso, o público é dividido em grupos, ficando cada um com a incumbência de estudar um ponto controvertido do tema. Cada grupo aponta um de seus membros para o corpo de expositores da mesa-redonda. Estes se reúnem com o coordenador, combinando o transcurso da sessão e estabelecem outros detalhes, tais como tempo de exposição para cada orador e de participação do auditório;

- no dia marcado, realiza-se a mesa-redonda, com abertura do coordenador, explicando as razões daquela sessão, apresentando os expositores, as normas da técnica e dando a palavra ao primeiro expositor. A palavra será dada alternadamente aos expositores de ideias afins e de ideias contrárias.
- terminadas as exposições, o coordenador faz uma síntese do pensamento de cada um, ressaltando as ideias.
- após a síntese, a palavra é franqueada aos expositores, para, em mais ou menos dois ou três minutos, prestarem esclarecimentos, fazerem retificações ou melhorarem seus conceitos e mesmo manterem o diálogo com os demais expositores, buscando melhores informes e esclarecimentos;
- a seguir, o coordenador volta a ressaltar, de maneira mais precisa, as coincidências e diferenças dos pensamentos expostos. Convida o auditório a arguir os expositores, porém em caráter ilustrativo, sem debates;
- no final, o coordenador faz uma apreciação sobre os trabalhos, agradece a presença dos expositores e parabeniza o comportamento do auditório, ressaltando a sua participação. O coordenador recolhe os resumos das apresentações dos expositores, dados ao auditório para posterior estudo;
- o auditório, após o estudo dos resumos, promove a sua reapresentação, agora em forma de discussão.

FORUM

Por forum ou foro entende-se uma reunião de grupo da qual todos os presentes numa sala, reunião ou grupo têm a oportunidade de participar. É organizado com a finalidade de debater um tema ou determinado problema.

Utilização

O forum é utilizado após a apresentação de um filme, de uma representação teatral, uma palestra ou uma atividade de grupo.

Finalidade

Ele permite a informalidade na expressão de ideias ou opiniões do grupo. As participações espontâneas levam a desinibir os participantes diante de um auditório.

Normas

Sendo um grupo informal quase não há normas. Deve-se, porém, limitar a um tempo máximo de 90 minutos e contar com os seguintes componentes:

Coordenador, diretor ou moderador - controla a participação e trabalha com um auditório imprevisível e heterogêneo. Às vezes, seleciona as contribuições dadas pelo público.

Grupo de síntese - além das anotações para o resumo, escreve no quadro-negro os assuntos debatidos. No final, um relator faz a exposição da síntese.

Público-participante - é conveniente que cada participante, antes de apresentar a sua ideia, dê seu nome, que pode ser o de guerra e, desejando, o nome de sua empresa.

Conferencista - não é obrigatória sua presença nos foros, a não ser no caso de se necessitar de seus dados para constituir o tema da discussão. Assim, o conferencista, de maneira clara, concisa e precisa, expõe uma tese ou relato de fatos em torno dos quais o foro vai se desenvolver. Neste caso, o conferencista pode desempenhar o papel de coordenador. Mas é possível haver, também, um coordenador que apresente o conferencista e, após as suas palavras, anime o foro. No caso da participação do conferencista, após a exposição, ele responderá às perguntas do auditório. Ao respondê-las, deve preocupar-se em bem informar os interlocutores, restringir-se à pergunta, ser imparcial, objetivo e cordial.

SIMPÓSIO

É o método onde duas ou mais pessoas, versadas em determinado assunto, sob a direção de um coordenador, expõem um tema sobre sua especialidade, cada qual apresentando uma parte ou focalizando-o sois pontos de vista diferentes, contando com a participação do auditório, no final da sessão, por meio de perguntas aos expositores.

Objetivos

O simpósio visa:

- elucidar, ao invés de levar a tomar decisões;
- investigar um problema sob vários pontos de vista, tendo em mente alcançar profundidade e compreensão;
- estudar sistemática e profundamente o tema;
- obter informações seguras, variadas, atualizadas e logicamente estruturadas;
- apresentar e divulgar trabalhos de pesquisa.

Oportunidades de uso

Recomenda-se o uso deste método:

- para auditórios maiores com pessoas esclarecidas no tema;

- para estudos de atualização sobre o tema, onde os expositores apresentam seus estudos e experiências, não necessitando defender seus pontos de vista;
- quando a interação entre expositores e auditório não é indispensável.

Precauções para a realização de um Simpósio

Seu êxito depende, em grande parte:

- de que as ideias sejam compreendidas pela assistência. O ideal é a distribuição de resumos, antes ou depois das apresentações;
- de que o tema tratado seja realmente de interesse do auditório;
- de que seja possível ver e ouvir perfeitamente os expositores;
- da boa preparação dos expositores, pois esse trabalho em grupo não admite improvisações;
- da combinação prévia entre os expositores para que cada parte exposta forme um todo orgânico, tornando o simpósio mais rico e coerente;
- de se evitar discursos nas exposições, que podem cansar o auditório. É preciso objetividade no trato do tema;
- do respeito de cada expositor por seu tempo, não invadindo o do outro;
- de um bom planejamento e uma repartição equilibrada dos temas devido às múltiplas comunicações.

Componentes do Simpósio

Coordenador - é quem abre o simpósio. Essa função pode coincidir com a do organizador do simpósio. Mas nada impede a existência de um organizador e um coordenador.

Funções:

- cumprimentar, se apresentar, abrir, agradecer no final e encerrar a sessão;
- justificá-la para o auditório;
- apresentar os expositores;
- passar a palavra a cada um deles;
- fazer a articulação da parte de um expositor com a de outro;
- sintetizar o pensamento dos expositores;
- coordenar a participação da platéia nas perguntas e respostas;
- evitar o surgimento de debates entre os ouvintes ou entre os expositores;
- enfim, ter o evento nas mãos.

Expositores - são especialistas em determinado assunto. São convidados a expor parte do tema a ser tratado, em função da maior especialização, vivência e preferência de cada um. Não deve haver mais de cinco expositores. O número exato depende da extensão e das implicações do tema.

Os expositores apresentarão as suas partes com precisão, clareza e postura profissional, sem excessos de oratória, e responderão, no final, de maneira objetiva e não polêmica às perguntas do auditório.

O tempo de duração de cada um varia de 10 a 20 minutos, combinado antes com o coordenador.

Cada expositor poderá utilizar os recursos audiovisuais para ilustrar e concretizar sua exposição.

Plateia - é constituída por pessoas interessadas e com experiência no tema a ser tratado.

Disposição para a realização do Simpósio

- providencia-se um local que permita boa visão dos expositores, do coordenador e dos recursos audiovisuais.
- Os expositores ficam afastados da mesa central, ocupada somente por cada um dos expositores na hora da sua exposição. O coordenador poderá ou não ficar junto a ele na mesa.

Disposição do Simpósio

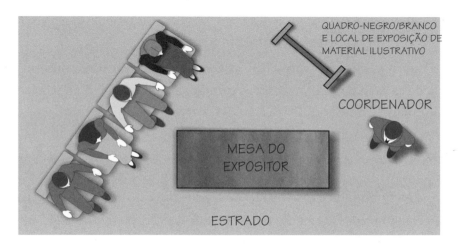

Desenvolvimento de um Simpósio

O organizador, com base num tema de interesse, promove um simpósio, convidando as pessoas categorizadas para seu planejamento, indicadas pelos grupos.

O tema é dividido em partes lógicas. A classe é repartida em grupos para estudar cada parte lógica. A data é marcada, bem como estabelecidos os detalhes da execução do simpósio.

No dia marcado, o coordenador, após cumprimentar a todos e se apresentar, abre a sessão, expõe seus motivos, apresenta os expositores e comunica as normas de procedimentos do simpósio, o tempo reservado a cada exposição, a impossibilidade de debates e o modo de participação da platéia.

O coordenador, seguindo a ordem lógica da exposição, vai passando a palavra aos expositores. Eles se encaminham para a mesa à frente da platéia e pronunciam suas palestras.

Terminadas as exposições, o coordenador faz uma síntese da ideia de cada expositor, ressalta as principais e convida a platéia a fazer perguntas.

SEMINÁRIO

Sua finalidade é a investigação ou o estudo de um tema em reuniões e trabalhos devidamente planejados. É um grupo de trabalho ativo, pois seus membros não recebem as informações elaboradas, pesquisam por seus próprios meios em colaboração recíproca.

Características

É comum se escolher esta técnica grupal por ter um nome "bonitinho" ou imponente, mas é necessário avaliar se o objetivo do evento que se pretende fazer está compatível com as características apresentadas a seguir:

- um seminário pode funcionar como um grupo ou divide-se em subgrupos, que se dedicam ao estudo de aspectos particulares de um mesmo tema ou temas diferentes de um mesmo assunto;

- os membros têm interesse comum no tema e possuem um nível semelhante de informações;
- o tema ou assunto exige pesquisa, investigação, análise e leituras. O assunto deverá conduzir a esse tipo de trabalho. Um assunto já elaborado ou publicado não justifica a montagem de um seminário.

Na primeira sessão do grupo, planeja-se:

- o desenvolvimento das tarefas e como distribuí-las entre os seminaristas;
- os temas e sua distribuição entre os grupos ou membros dos grupos;
- planificação das atividades.

O seminário prevê reuniões prévias dos grupos, em um ou vários dias:

- as sessões podem durar de duas a três horas, no máximo;
- após as reuniões, há uma assembléia, com sessão de resumo e avaliação.

Componentes de um Seminário

Um seminário compõe-se de:

Diretor - é quase um especialista em determinado assunto, propondo-se a preparar cientificamente um grupo de elementos e a orientá-los para a pesquisa original e avançada. Seu papel é, em conjunto com os participantes, indicar e estabelecer os temas a serem estudados, orientando a pesquisa e presidindo as sessões do seminário e apreciando, no final, os resultados.

Expositor – é quem apresenta o resultado dos estudos efetuados sobre o tema. O trabalho pode ser de sua responsabilidade ou fruto de um subgrupo.

Comentador - é designado pelo diretor para estudar, com antecedência, o trabalho a ser apresentado e criticá-lo, antes de discutido pelos demais componentes.

Desenvolvimento do Seminário:

- Na primeira sessão, onde todos os participantes devem estar presentes, o diretor (organizador, coordenador, seminarista) apresenta sugestões e propõe uma agenda de trabalho para ser discutida e a formação de grupos de trabalho;
- os grupos formados - 5 a 12 membros – com o assunto já escolhido, vão para um local tranquilo debater ou pesquisar o tema proposto, respeitando o prazo pré-determinado;
- cada grupo escolhe um diretor ou coordenador, um secretário e um expositor. O diretor coordena as atividades e controla o grupo para que não entre em área expressivo-emocional, fugindo do assunto. O secretário anota as conclusões parciais e finais e o relator as leva à assembléia, levando-se em conta os procedimentos recomendados para a técnica escolhida.

A tarefa específica do seminário é:

- buscar informações;
- pesquisar e entrevistar especialistas;
- consultar fontes bibliográficas;
- discutir em grupo as fontes e entrevistas;
- confrontar pontos de vista;
- formular conclusões.

As conclusões finais são levadas à assembléia quando os grupos se reunirem novamente. Para isto, são adotadas outras técnicas de grupo mais aconselháveis (painel, simpósio etc.) na reunião final.

Recomendações:

- convém, na programação do seminário, escolher um local com salas de reunião para os grupos e um salão plenário;
- o diretor-geral pode valer-se de coordenadores para percorrerem os grupos, auxiliando-o nas atividades;
- o local escolhido deve dispor de fontes de informações que facilitem o seminário.

PAINEL

É uma reunião de pessoas especializadas expondo ideias sobre um determinado assunto a um auditório, de maneira informal e dialogada, com troca de ideias, expondo e apreciando diferentes perspectivas.

Objetivos

- levar a conhecer melhor um assunto;
- realizar um trabalho de fixação e integração sobre um assunto já estudado;
- tornar compreensivo um tema que tenha deixado dúvidas, tentando a unificação do ponto de vista;
- dar um caráter informal à discussão, tornando-a mais interessante ao auditório;
- evitar longas preleções tornando o estudo do tema mais preciso e objetivo;
- ajudar na apreciação de um tema amplo, com a ajuda de mais de um especialista.

Componentes do Painel

Diretor - planeja a reunião, estabelecendo as normas de ação junto com os participantes do painel; abre a reunião e saúda o grupo; apresenta o coordenador e os painelistas; após o término dos debates, faz o encerramento do painel.

Coordenador - com o diretor e os painelistas, participa das reuniões prévias, visando:

- fixar o conteúdo a ser debatido;
- dividir o assunto em áreas;
- estabelecer o limite de tempo para cada atividade;
- estabelecer as responsabilidades dos participantes;
- elaborar o esquema de reunião;
- programar o número de painéis necessários para a discussão do assunto;
- propiciar condições materiais da sala favoráveis ao bom desempenho do painel;
- distribuir os painelistas à mesa, em posição oposta aos de opinião contrária;
- deixar a discussão correr normalmente, sem entravar o andamento do debate;
- pensar em perguntas aos painelistas que promovam o desenvolvimento do raciocínio;
- intervir na discussão, quando necessário, a fim de:
    - esclarecer os pontos duvidosos;
    - encerrar um assunto e iniciar outros, não permitindo a volta a assuntos já discutidos;
    - apresentar um resumo final, se inexistir grupo de síntese.

O coordenador não expressa a própria opinião sobre o assunto, sua função é apenas coordenar.

Painelistas - preparam o material sobre o assunto e:
- procuram orientar a discussão com raciocínio metódico e ao alcance do público;
- ouvem com atenção os participantes, interrompendo no momento certo;
- são flexíveis na defesa de seus pontos de vista, mudando de opinião quando os fatos ou a lógica provam estarem errados;
- propiciam uma atmosfera de discussão informal, de conversa., sem discursos, atitudes teatrais ou uso de expressões de efeito.

Disposição dos membros

Os membros do painel e o coordenador devem se colocar em posição tal que possam se ver e serem vistos pelo auditório.

Duração

O tempo máximo, segundo comprovado por experiência, é de 90 minutos; os painéis rápidos, de menos de 30 minutos não chegam a entusiasmar os participantes. O ideal seria exposições com 40, 45 e 60 minutos.

O painel não necessita ensaio, nem diálogos pré-estudados ou interrupções combinadas. Um ponto forte para o sucesso dessa atividade é a espontaneidade. Apenas um esquema deve ser elaborado.

PAINEL COM INTERROGADORES

É a discussão entre uma ou duas pessoas versadas sobre um assunto e quatro a seis interrogadores, sob a orientação de um coordenador (moderador). Variante: um perito (*expert*) é questionado por interrogadores.

Componentes

Moderador – Funções:

- reunir-se com os interrogadores e o técnico para fixar a orientação do trabalho;
- apresentar o rol de perguntas;
- apresentar ao grupo os membros do painel no início da reunião;
- fazer um relato da técnica a ser usada e como será o trabalho orientado;
- apresentar um breve sumário da matéria a ser debatida;
- dar a palavra ao primeiro painelista para iniciar a interrogação;
- fixar o tempo – 5 minutos – para o *expert* responder às questões;
- intervir na discussão, se necessário, para:
    - esclarecer algum ponto de interrogação;
    - estabelecer uma interpretação não entendida pelo auditório;
    - solicitar a repetição da pergunta ou resposta não entendida;
    - interromper o *expert* quando ultrapassar o tempo pré-determinado;
    - encerrar a discussão;
    - encerrar a reunião, decorridos 90 minutos;
    - fazer a síntese ao final da reunião, caso não haja grupo de síntese.

Interrogadores – Funções:

- preparar perguntas lógicas e referentes ao painel;
- ouvir com atenção e interesse as respostas dos técnicos;
- aguardar sua vez de interrogar, de maneira cortês.

Peritos – Funções:
- responder apenas às perguntas feitas, de maneira clara, concisa e precisa;
- não se valer do auditório para "tiradas" oratórias ou opiniões pessoais.

Grupo de síntese – Funções:
- anotar as perguntas e as respostas - quem solicitou ou respondeu;
- realizar uma síntese do trabalho;
- expor, no final, as conclusões de modo claro, acessível, preciso e conciso.

Disposição do painel com interrogadores

Público

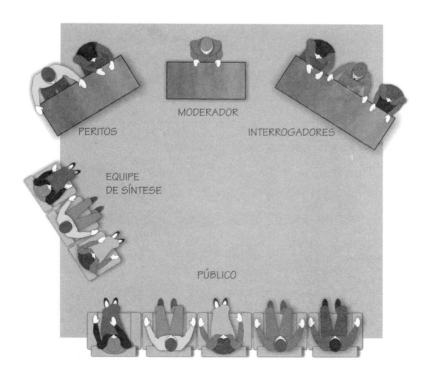

- fica atento às perguntas e respostas, dirigindo as perguntas aos peritos, quando solicitado.

Como se desenvolve:

1ª Fase:

- Escolha do assunto
- Levantamento do rol de perguntas, em grupos.
- Seleção das perguntas.

2ª Fase: Convite de um ou dois peritos para participarem da reunião.

3ª Fase: Escolha dos interrogadores, por indicação dos grupos.

4ª Fase: Reunião de interrogadores, coordenador e peritos, para conhecerem as perguntas e a técnica a ser utilizada.

5ª Fase: Painel propriamente dito, que funciona da seguinte forma:

- apresentação pessoal;
- apresentação dos membros;
- apresentação da finalidade da reunião e do assunto a ser debatido;
- cada interrogador faz uma pergunta ao perito, que tem cinco minutos para responder;
- o coordenador sonda o auditório: "Se alguém tem dúvida sobre a área abordada, pode perguntar." E só aceitará a pergunta se pertinente ao assunto;
- síntese e encerramento.

BRAINSTORMING – GRUPO DE *BRAIN*

Um grupo se reúne em assembléia de *brainstorming* quando tem por finalidade encontrar ideias ou soluções novas, sendo necessário o uso da imaginação. O objetivo é produzir o maior número de ideias sobre um tema.

A análise do problema é supostamente feita; os dados reunidos, a situação problemática ou de difícil decisão é bem definida. O grupo só se envolve com "as soluções".

Não há sessão de *brain* senão sobre um problema simples. Isto não significa que o problema não possa ser decomposto em muitos outros ou em muitas outras variáveis, a fim de facilitar as análises e encontrar as soluções.

Se o problema é complexo, será necessário decompô-lo em partes simples e realizar tantas reuniões de *brain* quantos são os elementos. Elas podem ser realizadas simultaneamente em lugares com dois grupos diferentes ou sucessivamente com o mesmo grupo. Para diminuir o tempo, as assembléias podem se reunir.

As três fases de um *brainstorming*

O ataque às ideias propriamente ditas é uma fase num conjunto de três:

Exposição de abertura: Apresentação do problema pelo animador, de 10 a 20 minutos. Ao terminar ele resume o problema em uma questão clara.

Exposição de ideias: Fase produtiva, com duração de 1 hora a 1 ½ hora.

Fase de escrutínio: Seleção ou escolha das ideias, com duração de 2 a 3 horas.

Disposição da classe

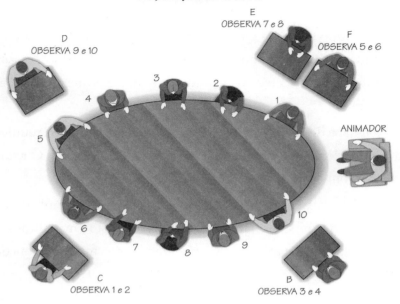

Condições de realização

Organização do grupo

- o grupo deve ser composto de 8 a 12 pessoas, com ideal de 10.
- recomenda-se pessoas de *status* semelhante.
- Osborn prevê cinco membros regulares, com imaginação fértil, que irão participar dos *brainstormings*. Os participantes são prevenidos de que se trata de reunião de *brain*, para a qual foram convidados ou convocados.

A infraestrutura

Deve ser confortável, sem perturbações exteriores. Num bom momento do dia, instala-se o grupo em local simpático e isolado. Bebidas são colocadas à disposição do grupo. A mesa deve ser sociométrica ou, na falta, redonda ou oval. O participante encontrará seu nome em um prisma sobre a mesa. As cadeiras devem ser confortáveis.

O animador procurará um lugar estratégico, tornando fácil presidir a reunião.

Os Observadores

Encarregados de tomar notas das ideias emitidas por meio de registro. É recomendável que cada observador fique responsável por recolher as ideias de dois participantes. Colocam-se à distância do grupo, defronte aos participantes que deverão observar, em silêncio, tomando nota das ideias, sem mencionar o nome do emitente, em lista, e não se manifestam no decorrer da sessão.

Instruções:

- o animador anuncia os princípios de seu método, falando do procedimento e explicando aos participantes o que se pode esperar dele;
- a seguir, as instruções serão escritas num quadro ou num cartaz:
- a imaginação livre é bem recebida, mesmo que as ideias pareçam absurdas;
- a preocupação é produzir o máximo de ideias no mínimo de tempo. A quantidade deve prevalecer sobre a qualidade;
- crítica e autocrítica a uma ideia são rigorosamente proibidas;
- é permitido ouvir as ideias dos outros e associar livremente a outra ideia ("Isto me faz pensar...").

Regra Complementar:

Quem tiver uma ideia levanta a mão, dirigindo-se ao animador. Faz um clique com os dedos assinalando que a ideia emitida sugere uma associação a outra ou a uma reformulação da ideia anterior. O estalar dos dedos prevalece à mão levantada.

O animador recomenda aos participantes que escrevam suas ideias no caso da associação de duas ideias para não se arriscar a perdê-las e previne que cortará a palavra caso a regra seja violada.

Observação: é comum, nos primeiros 15 minutos, a produção de ideias ser mais lenta, porém, com o tempo, verifica-se o aumento do número de ideias.

É necessário estar ou sentir-se livre, aberto à criação, associação ou complementação de ideias e livrar-se dos medos, do preconceito ou da incerteza, deixando a mente avançar no mundo das ideias.

CAMPANHA

É uma atividade planejada e sistemática envolvendo o público em torno de um tema específico, utilizando a comunicação.

Objetivo: Informar o público alvo sobre determinadas ideias, tecnologias, serviços ou produtos, buscando o seu engajamento.

Duração: a ser definida de acordo com o tema e disponibilidade de recursos.

Público-alvo: a sociedade em geral, empregados, familiares e produtores.

Dicas:

- o *briefing* da campanha deve ser completo e detalhado;
- a campanha veiculada na mídia obrigatoriamente será feita via agência pré-qualificada;

- a divulgação é um ponto forte da campanha;
- o cronograma deve ser estabelecido com antecedência e cumprido rigorosamente;
- é importante que toda campanha tenha *slogan* e símbolo em todas as peças de comunicação (cartazes, som, vídeos etc).

CONCURSO

É uma competição em áreas artísticas, culturais ou científicas, de categorias profissionais ou desportivas, coordenada por uma comissão, devendo ter regulamento, júri e premiação.

Objetivo: integrar, desenvolver a criatividade e criar um clima de competição saudável na Empresa.

Duração: tempo pré-determinado.

Público-alvo: direcionado tanto ao público interno como ao externo.

Dicas:

- o regulamento deve conter todas as diretrizes do concurso;
- o júri deve ser isento e de total confiança;
- pode abranger uma série de temas, como: fotografias, *slogans*, reportagens, monografias, símbolos etc.;
- os resultados são amplamente divulgados, demonstrando transparência no processo.

DIA-DE-CAMPO

Evento direcionado a um público específico, convidado a visitar os campos experimentais de uma empresa ou áreas demonstrativas onde ocorre a apresentação dos resultados dessa empresa.

Objetivos:

Variam conforme o público-alvo e os objetivos do dia-de-campo:

- divulgar a Empresa, os objetivos e benefícios diretos e indiretos à sociedade;
- informar e demonstrar tecnologias, serviços e produtos, promovendo reciclagem e troca de experiências entre os participantes;
- mostrar o trabalho da Empresa, a contribuição dos empregados, os resultados obtidos e os benefícios gerados.

Duração: manhã e tarde ou apenas um período do dia.

Público-alvo: definido de acordo com os objetivos traçados - comunidade, políticos, imprensa, estudantes e outros.

Dicas:

- é importante a divulgação prévia do evento;
- o material deve ser apresentado de acordo com as normas de identidade visual da Empresa;
- o campo a ser apresentado deve ser subdividido em estações, permitindo que os grupos conheçam os vários aspectos do trabalho de pesquisa;
- o sucesso do evento depende do clima de integração entre os participantes;
- durante ou após o evento, podem ser oferecidos produtos da Empresa;

- o público deve sentir-se atraído para conhecer as tecnologias e a Empresa, não pelo oferecimento de brindes, refeições, sorteios etc.;
- a participação dos presentes com perguntas deve ser incentivada;
- o conforto para os participantes, tais como: água, toaletes, lanche, transporte, estacionamento etc. merece atenção especial.

ENTREVISTA COLETIVA

Evento em que a autoridade de uma instituição, ou seu representante, comunica à imprensa ou a seus profissionais um fato novo, de alta relevância, abrindo, em seguida, espaço para questionamentos.

Objetivo: transmitir informações de grande interesse para todos.

Duração: no máximo 30 minutos.

Público-alvo: profissionais de um órgão/empresa, imprensa local e/ou nacional.

Dicas:

- convidar os órgãos de comunicação de interesse, com antecedência mínima de 24 horas, por meio de carta, preferencialmente, ao editor ligado ao assunto;
- a entrevista individual, ao contrário de uma coletiva, é agendada quando a instituição tiver algum assunto merecedor da atenção da imprensa.

EXPOSIÇÃO

Evento em que há um "cenário" cuidadosamente preparado para a Empresa apresentar os resultados do seu trabalho e atender aos questionamentos do público visitante. Podem ser agropecuárias, industriais, comerciais, de informática etc.

Objetivo: projetar técnica e institucionalmente a Empresa, criando oportunidades de negócios e troca de informações.

Duração: em média 9 dias.

Público-alvo: comunidade em geral e pessoas ligadas ao tema principal.

Dicas:

- definir previamente o tema;
- a empresa deve apresentar-se com unicidade no discurso, na ação e no atendimento, especialmente se mais unidades participam. Seus empregados devem usar peças que facilitem sua identificação com a empresa, como crachás, bonés, camisetas;
- as peças de divulgação (*folders*, folhetos, jornais, *releases* etc.) devem ser distribuídas em *stands* modernos e atraentes ao público;
- o mostruário de produtos da exposição deverá ser de qualidade, em perfeito estado de conservação e com identificações padronizadas, inclusive no caso de produtos de degustação;
- convites específicos para visitas ao *stand* de autoridades e lideranças podem ser elaborados;
- as chefias das unidades participantes devem estar presentes ou representadas nas aberturas dos eventos.

MOSTRA

Evento onde a Empresa apresenta resultados de seus trabalhos, documentos históricos ou material artístico/cultural produzido por empregados ou convidados.

Objetivo: divulgar institucionalmente a Empresa ou atuar na promoção cultural.

Duração: em média 5 dias.

Público-alvo: comunidade em geral.

Dica:

- muito utilizada para retratar a história da Empresa, podendo utilizar fotos e objetos antigos dos próprios empregados.

LANÇAMENTO

Evento utilizado para apresentar novas tecnologias, serviços e produtos ou novidades que tragam contribuições significativas à sociedade.

Objetivo: divulgar tecnologias, serviços e produtos.

Duração: no máximo 4 horas.

Público-alvo: autoridades, pessoas ligadas à área e imprensa.

Dicas:

- os lançamentos deverão estar respaldados em testes de validação e estudos de mercado e acompanhados de material informativo para a divulgação. Também devem ser acompanhados por um kit de demonstração;
- o pesquisador responsável deverá estar sempre presente para prestar informações técnicas a respeito do assunto.

PEDRA FUNDAMENTAL

Evento que marca o início de uma obra.

Objetivo: marcar o início de uma obra importante.

Duração: no máximo quatro horas.

Público-alvo: autoridades, convidados, empregados e imprensa.

Dicas:

- o local deverá ser preparado para os convidados, sem terra solta nem lama;
- a área onde as pessoas devem ficar deve ser cimentada. No centro, deve ser feita uma abertura contendo uma caixa de alvenaria com tampa pouco abaixo do nível do solo, onde será depositada uma urna de metal (cobre ou estanho) nas dimensões desejadas – geralmente de 0,50m x 0,15m – contendo o texto relativo à cerimônia, jornais do dia, moedas correntes do país;
- podem, também, ser colocadas na caixa informações sobre a obra que está iniciando.

VISITA INFORMAL / VISITA OFICIAL

É o evento onde uma ou mais pessoas comparecem à empresa para conhecer os resultados de seus trabalhos, suas atividades e instalações. Pode ser, também, uma visita informal que se faz a uma residência ou empresa, por diversos motivos, pessoais ou profissionais.

Objetivo, no caso de visita oficial: divulgar institucionalmente a empresa, instituição ou órgão.

Duração: de acordo com a disponibilidade de tempo do(s) visitante(s) ou conforme programa estabelecido em convite nacional ou internacional.

Público-alvo: representantes de produtos, produtores rurais, empresários, técnicos, autoridades, estudantes, imprensa e outros membros da comunidade nacional e internacional.

Dicas:

- convidar o visitante a assinar o "Livro de Ouro" da empresa;
- se a visita for estrangeira, deve-se levar em conta as tradições e os costumes do visitante e, caso necessário, pedir a presença de um tradutor/intérprete;
- os empregados envolvidos nas visitas devem estar preparados para atender com qualidade e identificados por crachás e uniformes;
- os locais a serem visitados devem estar previamente preparados;
- é importante criar um clima de integração entre os participantes;
- pode-se servir produtos da empresa;
- a política de Portas Abertas pode ser adotada como um processo de visitação;
- nos eventos que contem com a presença de autoridades, ao anfitrião cabe acompanhá-las, mantendo-se ao lado para prestar esclarecimentos sobre o evento, apresentar pessoas e auxiliar no cumprimento do programa;
- quando as visitas forem programadas, o programa deve ser detalhado.

PALESTRA

É um evento caracterizado pela apresentação de um tema, por um ou mais especialistas, a um grupo de pessoas com interesses comuns.

Objetivo: informar e atualizar o público sobre um determinado assunto.

Duração: em torno de 1 hora, no mínimo, sendo 40 minutos para a apresentação e 20 para perguntas e respostas.

Público-alvo: interno e/ou externo, dependendo do tema escolhido.

Dicas:

- a palestra pode ser proferida por especialista convidado ou da empresa;
- durante a palestra, deve haver um moderador para coordenar os trabalhos de apresentação do palestrante, triagem das perguntas e controle do tempo;
- dependendo do local, devem ser providenciados microfones para os participantes;
- a palestra NÃO prevê aquisição de conhecimentos, é apenas informativa;
- deve-se checar com o palestrante da necessidade de material de apoio, como retro projetor, data-show etc.;
- não esquecer de providenciar água para o palestrante;
- verificar previamente a infra-estrutura necessária com o palestrante;
- divulgar com antecedência ao público-alvo e sensibiliza-lo para a participação.

CURSO

É a capacitação de pessoas para execução de tarefas específicas.

Objetivo: capacitar os participantes para execução das suas atividades de trabalho.

Duração: no mínimo 8 horas, sendo maior tempo para casos específicos, como: especialização, extensão, mestrado, doutorado e graduação.

Público-alvo: interno e externo – que se identifique com o assunto.

Dicas:

- o curso deverá ser planejado de acordo com as demandas identificadas;
- é necessário credenciamento e entrega de pasta contendo material técnico, bloco de anotações e caneta;
- ao final do curso, deverá ser entregue um certificado aos participantes que atenderam as exigências de participação e aproveitamento;
- caso o instrutor/facilitador não seja empregado da empresa, o convite deverá vir acompanhado de material informativo sobre a empresa;
- recomenda-se um máximo de 30 alunos por turma, sendo 25 o número ideal;
- a linguagem e o material devem ser adequados ao perfil dos participantes;
- um curso deve prever: conhecimentos, avaliações e verificação de aprendizagem;
- pode-se, ou não, fornecer certificado ao instrutor ou facilitador.

WORKSHOP

É o termo inglês para definir uma oficina de trabalho. É um evento dividido em: teoria e prática. Os participantes devem ser da mesma área ou segmento de trabalho e se reúnem para debater, praticar e procurar soluções para o tema proposto.

Objetivo: familiarizar os participantes sobre determinado assunto para maior dinamismo, aliando a teoria com a prática.

Duração: de 8 a 30 horas, com no mínimo 3 horas e no máximo 8 horas diárias.

Público-alvo: interno ou externo.

Dicas:

- pode ser implementado em paralelo a outro evento, como sua parte prática;
- é necessário credenciamento, entrega de pasta contendo material técnico, bloco de anotações e caneta;
- ao final, atendidas as exigências de participação, deverá ser entregue certificado;
- recomenda-se um máximo de 30 participantes.

CONGRESSO

É uma reunião formal e periódica de profissionais atuando na mesma área, promovida por entidades associativas e incluem debates, palestras, painéis etc.

Objetivo: apresentar temas específicos, debater e extrair conclusões.

Duração: até 5 dias, com no máximo 8 horas diárias.

Público-alvo: profissionais, estudantes e interessados no tema.

Dicas:

- deve ser divulgado, com razoável antecedência, para o público interessado;
- uma comissão organizadora deve ser formada para propor um regulamento e o regimento das sessões;
- uma conta bancária deve ser aberta, em nome do evento, para movimentação dos recursos;
- é necessário credenciamento, entrega de pasta com bloco de anotações e caneta, informações sobre as empresas promotoras e organizadoras, certificado e publicação dos anais;
- os assuntos relacionados ao tema central podem ser apresentados sob diferentes formas: painel, palestra, simpósio, mostra, exposição etc.;
- os trabalhos devem ser apresentados por escrito com a antecedência prevista, para serem reunidos em um documento entregue aos congressistas - os ANAIS.

ENCONTRO

Evento onde pessoas da mesma categoria profissional e interesses comuns debatem temas polêmicos. Pode ser estadual, regional, nacional ou internacional.

Objetivo: discutir aspectos de um determinado assunto e extrair conclusões.

Duração: um ou dois dias.

Público-alvo: grupo de uma mesma categoria profissional.

Dicas:

- requer um coordenador para apresentar os representantes dos grupos e coordenar os trabalhos;

- é necessário a elaboração de um programa pré-determinado;
- muito utilizado nas reuniões de associação de classe;
- identificar a quem deve ser atribuído o papel de anfitrião;
- analisar quem serão os participantes;
- verificar quem serão os convidados especiais, os políticos e as autoridades;
- observar rigorosamente a ordem de precedência, ao compor a mesa de honra.

Providências a serem tomadas:

- local (salas, auditório e plenário);
- decoração (flores, painéis etc.);
- dispositivo de bandeiras - de acordo com as regiões, dos estados, do país e de outros países que estiverem representados;
- dispositivos de lugares dos convidados;
- recepção, identificação e encaminhamento dos participantes-alvos;
- indicação dos lugares na mesa de honra;
- cartões de mesa;
- cartões de citação ou nominata;
- fazer a ordem do dia (pauta do evento);
- mestre de cerimônia – locutor do evento;
- Hino Nacional (pode contar, também, com a participação de um grupo folclórico ou outra atividade criativa na abertura);
- discursos (boas-vindas ou abertura);

- encerramento (ato inaugural);
- intervalo (10 minutos) para a saída das autoridades; em seguida iniciam-se as discussões de pauta (técnica).

COMEMORAÇÃO PROFISSIONAL

São eventos que registram datas significativas para a empresa/instituição.

Objetivo: promover a empresa junto aos públicos interno e externo. Motivar empregados e familiares, promovendo a confraternização entre eles.

Duração: definida de acordo com o tipo de comemoração.

Público-alvo: interno e/ou externo.

Dicas:

- o registro das datas pode ser feito por meio de lembretes no sistema de som interno, cartas, cartões etc.;
- exemplos de datas: aniversário da empresa, Natal, Ano Novo, Dia da Secretária, do Motorista, do Agrônomo, do Servidor Público, do Relações Públicas etc.

HAPPY HOUR

É o encontro informal e descontraído após o trabalho, para troca de ideias, confraternização e entrosamento dos participantes.

Objetivo: entrosar e descontrair os participantes.

Duração: curta, ao final da tarde, com horário ideal das 17 horas e 30 minutos às 19 horas.

Público-alvo: empregados da empresa ou convidados.

Dicas:

- atentar para o local, que deve ser aconchegante e confortável;
- pode haver entretenimento durante o evento (sorteios, jogos e brincadeiras);
- nesta ocasião, não se fala de trabalho ou negócios.

FEIRA

Evento onde, em um estande, a empresa apresenta os resultados do seu trabalho e comercializa suas tecnologias, seus produtos e serviços.

Objetivo: apresentar ao público-alvo tecnologias, serviços e produtos para comercialização.

Duração: em média 9 dias.

Porte: pequeno, médio ou grande.

Público-alvo: parceiros e clientes em potenciais.

Dicas:

- nas feiras, as vendas são feitas por meio de pedido ou pronta-entrega;
- como nas exposições, as feiras adotam os critérios de participação já descritos anteriormente.

RODADA DE NEGÓCIOS

Evento onde se reúnem empresários de determinado segmento, devidamente inscritos, para vender ou comprar produtos e serviços.

Objetivo: apresentar ao público-alvo as tecnologias, serviços e produtos para comercialização.

Duração: até 7 dias.

Público-alvo: parceiros e clientes potenciais.

Dicas:

- a organização do evento estabelece o horário entre vendedores e compradores para fecharem seus negócios;
- em geral, ocorre simultaneamente a grandes eventos, como exposições, feiras etc.;
- recomenda-se a produção de material informativo atualizado, com enfoque comercial das tecnologias, serviços e produtos disponíveis.

CONVENÇÃO

É uma reunião de pessoas de departamentos ou seções de uma empresa objetivando:

- conhecer novas diretrizes;
- treinamento;
- reciclagem;
- entrosamento;
- troca de experiências e informações.

É um evento interno; por exemplo, a Convenção do Departamento de Qualidade do Produto de uma empresa, salvo no caso de um segmento de mercado específico, como, por exemplo, a Convenção de Revendedores Shell. Mesmo assim, são empresas autônomas, ligadas a uma empresa central – fornecedora, importadora etc. Na convenção, são utilizados vários tipos de eventos, como: palestras, conferências, mesa redonda, debates, *workshops*, inclusive entretenimentos e lazer, objetivando entrosar os participantes. Brindes e prêmios também fazem parte da programação da convenção.

Número de participantes: indeterminado.

Reciclagem, novas propostas, discussões: número de participantes pode ser maior.

Avaliação: número de participantes deve ser menor.

Realização: anual.

Duração: de 3 a 5 dias, em local fora da cidade onde está sediada a empresa, para maior rendimento dos trabalhos.

Observação: é um evento excelente para o público interno, pois permite o entrosamento, o treinamento e a reciclagem dos participantes, sendo essencial que tenham o mesmo grau de conhecimento ou nível de atuação no setor. Este evento proporciona um ótimo retorno para a empresa.

SEMANA

Pode ser de dois tipos:

1. Acadêmica: é uma reunião de estudantes, coordenados por professores, com apoio de profissionais da área, todos do mesmo segmento de mercado, com o objetivo de discutir temas relacionados com a classe.

2. Empresarial: é o nome dado à reunião de pequenos eventos, caracterizando uma semana na empresa, dedicada a determinado tema, como, por exemplo: a Semana da Luta contra a Aids, a Semana de Prevenção de Acidentes do Trabalho, a Semana do Verde, a Semana da Saúde...

Duração: Como o próprio nome diz, uma semana ou 5 dias úteis.

Observação: O encontro acadêmico de um mesmo setor é sempre produtivo, objetivando formar profissionais para o futuro.

Para a empresa, a Semana, seja qual for o tema, é sempre lucrativa, pois massifica o assunto, facilitando a memorização e a capacitação.

CONFERÊNCIA

Caracteriza-se pela apresentação de um tema informativo, geralmente técnico ou científico, por uma autoridade em determinado assunto para grande número de pessoas – platéia.

Platéia: numerosa, geralmente superior a 50 participantes. Não existem interrupções pelo plenário, permitindo um grande auditório.

Mais formal do que a palestra, exige a presença de um presidente de mesa, responsável pela apresentação do conferencista e a coordenação dos trabalhos.

Perguntas: devem ser feitas por escrito e entregues ao presidente da mesa, que as lê e seleciona, antes de passá-las, identificadas, ao conferencista, no final da conferência.

Existem conferencistas que não admitem perguntas (o que deve ser combinado antes), pois parte do pressuposto de que, sendo autoridade no assunto, nada do que disser deve ser contestado ou debatido.

Número de participantes na mesa diretora: 2 pessoas – o presidente de mesa e o conferencista.

Pronunciamentos: feitos na tribuna, durante a conferência.

Mesa Diretora: após a conferência, na sessão de perguntas e respostas.

Recursos Audiovisuais: permitidos, sendo necessária a presença de um operador.

Duração ideal: 1 hora - sendo 40 minutos para a conferência e 20 minutos para perguntas e respostas. Pode-se estender à duração de 1 hora e 15 minutos - um tempo maior torna a conferência cansativa, sendo necessário um intervalo.

Local ideal: auditório amplo, arejado, com poltronas confortáveis.

Não permitir:

- fotos e flashes durante a conferência – atrapalham a visualização, a escuta e distraem a atenção;
- fumar no local.

É preciso a autorização do conferencista para gravações e filmagens, principalmente em se tratando de celebridade no assunto.

COLÓQUIO

Semelhante à conferência, apresentado por conferencista de renome e *expert* no assunto, possui como objetivo final o esclarecimento de um tema ou tomada de decisão. Usado mais em classes específicas como, por exemplo, a classe médica.

Plenário: é dividido em grupos para debates e estudos.

Resultado: é apresentado por líderes de cada grupo.

Decisão Final: fica por conta da votação do plenário. Em alguns casos, não se adota a divisão em grupos, somente a votação sobre as variáveis propostas.

Observação: o retorno é alto, para classes específicas, que necessitam de tomada de decisões. Exercita o raciocínio, cria controvérsias, estimula opiniões.

VIDEOCONFERÊNCIA

É a apresentação de um tema a grupos de pessoas interessadas no tema e dispostas em espaços diferentes e distantes. A apresentação é feita por meio de recursos audiovisuais e eletrônicos, permitindo a integração entre os participantes.

A mais recente das criações no segmento de eventos, a videoconferência tem origem na dinâmica do mundo globalizado, visando encurtar distâncias, racionalizar diálogos e acertar a troca de informações entre pessoas ou empresas.

Para montagem da sala de videoconferência são necessários equipamentos: câmera, codificador, decodificador e painel de controle, capazes de emitir os sinais por meio de satélites, decodificados nas salas especiais de recepção.

Vantagens:

- limita os gastos com viagens;
- racionaliza as reuniões, limitando seu tempo de duração;
- permite a várias pessoas receberem a mesma informação ao mesmo tempo, mesmo estando em locais diversos e distantes.

Problemas:

Embora permita a participação do público assistente, ela é passiva, pois, por meio de recursos eletrônicos, o tempo das perguntas/respostas fica limitado; pelos mesmos motivos, a integração entre os participantes é relativa.

Entretanto, a videoconferência está sendo utilizada cada vez mais pelas empresas. Acreditamos que, se solucionados os problemas da nova tecnologia, será a técnica do futuro.

CAFÉ DA MANHÃ – PROFISSIONAL

É o evento que, utilizado empresarialmente, dá o maior retorno, justificado pelo seu horário, quando os participantes têm maior capacidade de assimilação. Adotado, também para reuniões de trabalho, permitindo aos executivos ganharem tempo.

Trata-se do tradicional café da manhã, seguindo regras básicas para seu sucesso:

- fazer os convites para o horário (entre 7h30 e 8 horas);
- aguardar a maioria dos convidados – a tolerância é de 15 minutos;
- os convidados participam sentados em mesas de 2 a 8 lugares;
- o serviço deve ser estilo *buffet*, com mesa de apoio para pães, frios e sucos;
- o café/leite deve ser servido pelos garçons assim que todos se sentarem;
- duração do período do café: 45 minutos, após os quais suspender o serviço;
- iniciar o evento, que não deve durar além de uma hora;
- entregar o material na saída.

Observação: se bem planejado, é o evento empresarial capaz de atingir o maior retorno. Ideal para reuniões de negócios e para apresentação de nova filosofia da empresa, mudanças gerenciais, novos produtos, comunicados de fusão.

VISITAS EMPRESARIAIS

O evento é caracterizado pela apresentação da empresa a um público pré-determinado, podendo ser interno ou externo, em dia específico, por meio de visitação, também chamado de *open day*.

Para o sucesso das visitas empresariais é necessário:

- determinar um dia específico para o evento, seja semanal, mensal ou semestral;
- um programa de recepção bem definido;

- uma sala para a apresentação da empresa em audiovisual;
- a elaboração do roteiro interno para visitação;
- um monitor para acompanhar os visitantes, informando-os sobre cada área, máquina, processo ou produto da empresa;
- cuidados com a segurança;
- folhetos sobre a empresa;
- brindes (não obrigatório).

Neste tipo de evento cabem, também, as visitas para as famílias de funcionários e os *tours* de funcionários pela empresa, quando da sua contratação.

Observação: dos eventos empresariais é o de maior retorno, podendo ainda ser utilizado como "política de boa vizinhança" com a comunidade.

REUNIÕES DE TRABALHO

Evento que reúne grupos de pessoas da empresa ou de outras instituições, para discutir temas relacionados com suas atividades administrativas e políticas, ações e resultados de trabalho.

Objetivo: discutir um assunto pré-determinado e decidir, em conjunto, quais as melhores ações.

Duração: de acordo com o tema a ser tratado.

Público-alvo: interno ou externo.

Dicas:

- antes da reunião, os organizadores devem divulgar, com antecedência, o programa ou pauta do evento aos participantes;

- é importante os participantes terem a oportunidade de expressar sua opinião e ideias;
- os participantes devem conhecer o assunto e serem as pessoas indicadas para participação por direito e de fato;
- é necessário orientar os secretários e auxiliares quanto ao tempo previsto para a reunião;
- combinar antes com os que permanecerem fora da sala:
- será permitida a entrada de terceiros na sala de reunião?
- quem pode entrar?
- como serão dados os recados?
- será possível chamar algum participante ao telefone?
- será permitido o uso do celular?
- haverá um intervalo para se assinar documentos, falar ao telefone, entre outras?
- não permitir que se passe para outro tópico da pauta sem que esteja esgotado e definido o item que está sendo tratado.

Lembrete: o sucesso de uma reunião deverá estar no planejamento, programação e controle.

Local: mesas ou salas de reunião.

É importante observar o objetivo da reunião. Não se deve, preferencialmente, organizar reuniões de trabalho, discussões técnicas interna ou externa, em auditórios. Sempre que possível, fazer em mesas/salas de reuniões, onde todos tenham a oportunidade de se ver.

As etapas:

- verificar o número de pessoas e o mobiliário disponível de acordo com o *layout* do local;

- preparar a recepção dos participantes previamente;
- indicar os respectivos lugares aos participantes – fora e dentro do local da reunião;
- observar a chegada de quem irá presidir a reunião, bem como seu lugar à mesa;
- providenciar a abertura do evento e da mesa pelo presidente;
- preparar o intervalo (isso facilita o bom andamento dos trabalhos);
- providenciar o encerramento, elaborando uma avaliação da reunião;
- verificar como dar os recados aos participantes, providência importante para o sucesso da reunião;
- no caso de reuniões em auditórios, determine apenas a mesa que dirigirá os trabalhos;
- providenciar a precedência, se for o caso;
- café e água também devem ser providenciados.

SESSÕES SOLENES

Local de realização: em auditório ou em plenário, segundo as observações.

Com poucos convidados, as sessões solenes decorrem de situações como comemoração em geral, aniversários, homenagens póstumas, jubileus etc.

Procedimentos na organização:

- elaborar convites – tomar cuidado com o tamanho da letra e o tipo de papel;

- compor a mesa – organizar os cartões de citação (citar os nomes das personalidades importantes presentes, com seus cargos ou posições profissionais);
- elaborar a precedência das autoridades;
- preparar a ordem do dia (pauta do evento);
- decorar o ambiente;
- não esquecer o Hino Nacional;
- verificar quem será o mestre de cerimônia, fornecendo-lhe as orientações pertinentes;
- organizar o coquetel.

Se a homenagem for a uma pessoa falecida, é frequente uma visita ao túmulo, ocasião em que se depositam coroas e flores.

Quanto aos trajes, são normalmente utilizados os peculiares à instituição. Assim, nas universidades, seus membros envergarão **talares** e, para os demais convidados, o chefe do cerimonial fixará os trajes apropriados. Este tipo de homenagem é comum aos Poderes Legislativo e Judiciário.

POSSES

Local de realização: em auditório, sentados; se for em salão, em pé.

Providências:

- preparar a recepção aos convidados especiais e autoridades;
- providenciar a composição da mesa e/ou posição no tablado;
- providenciar com o locutor o anúncio da chegada da autoridade maior, início da cerimônia;
- fazer a leitura do termo de posse;

- providenciar a assinatura do Termo de Posse – autoridade maior e o empossado;
- preparar os pronunciamentos = determinação dos discursos;
- preparar os cumprimentos;
- providenciar o coquetel;
- fazer o encerramento.

OBS: na posse coletiva, somente um orador fala; na transmissão de cargo ou faixa, aquele que sai, fala antes da leitura do termo de posse.

SALÃO

Até algum tempo atrás, o conceito era semelhante ao de Feira, mas menos amplo, sem objetivos de venda ou mercadológicos. Hoje em dia, Salão tem o mesmo significado de Feira.

Utilizado quando duas empresas ou associações planejam o evento dentro do mesmo segmento de mercado. Exemplo: XI Feira de Produtos para o Lar; III Salão de Artigos para o Lar.

INAUGURAÇÃO

Caracteriza-se pela apresentação da empresa ao público-alvo, entidade ou governo, de novas instalações ou unidades da organização.

Envolve um cerimonial específico e um planejamento adequado, com cuidados especiais na escolha da pessoa que vai fazer a inauguração. A escolha deve ser criteriosa para não causar embaraços.

O texto da placa inaugural deve ser claro e objetivo, devendo conter:
- Objeto da inauguração
- Data
- Local

- Nome da empresa
- Instituição
- Pessoa Diretora da Empresa
- Autoridade

Providências a serem adotadas:

- determinar os lugares das autoridades e participantes ativos do evento;
- determinar lugares para os convidados especiais;
- recepcionar autoridades, participantes e convidados especiais, indicando seus lugares;
- preparar o hasteamento das bandeiras – observe o local mais adequado;
- providenciar o laço de fita – desmanche ou corte, se for o caso;
- providenciar o descerramento da placa – verificar cuidadosamente os dizeres da placa antes do evento;
- observar a bênção ou culto (observe a religião ou crença da comunidade). Isto é muito importante;
- preparar os discursos e determinar a ordem de precedência dos mesmos;
- providenciar a visita às instalações inauguradas;
- preparar o coquetel de encerramento.

Neste tipo de evento não é obrigatório ou necessário descerramento de placa e corte de fita; pode haver opção.

Faça um esquema alternativo, observando a meteorologia - previsão do tempo. Cuidado, este pequeno detalhe pode atrapalhar uma inauguração.

Observação: ótimo retorno empresarial, pois tudo o que a empresa faz para melhorar seu desempenho deve ser demonstrado ao público-alvo.

EVENTOS SOCIAIS

CASAMENTO

Existem 3 aspectos importantes no evento casamento:

CONVITES – TRAJES – CUMPRIMENTOS

1. Convites: devem ser enviados com, no mínimo, um mês de antecedência.

Tradicionalmente são confeccionados em papel especial, tipo opaline branco;

O formato deve ser: no centro do cartão e no alto o nome dos pais da noiva, sendo o nome do pai colocado em cima do nome da mãe;

Mais abaixo o nome dos pais do noivo.

Logo mais abaixo, em linhas bem centrais, os nomes da noiva e do noivo.

A expressão *"In memoriam"* é colocada ao lado do nome da mãe ou do pai falecido, se for o caso. Não é obrigatório.

Se houver recepção após a cerimônia, não extensiva a todos os convidados, o local da realização deve ser indicado em um pequeno cartão anexado ao convite. Mas, se a recepção for para todos, é mencionada no próprio texto do convite, em uma linha entre a data e o nome da cidade.

Os envelopes são feitos no mesmo papel dos convites e sobrescritos a mão, se possível em nanquim. O tratamento usado é Sr. ou Sra., seguidos do nome. Observar as formas de tratamento indicadas para políticos – excelentíssimo – ou eclesiásticos: bispo, arcebispo, padre, entre outros.

▲
Convite sem individual

Convite com individual ▶

2. Trajes: a elegância dos trajes é fundamental na cerimônia de casamento, sendo sempre de acordo com o horário, o tipo de evento e o local. Os convidados devem seguir à risca a determinação dos trajes especificados, em sinal de respeito a quem convidou e para estar em harmonia com os demais convidados.

3. Cumprimentos: finda a cerimônia, a noiva dirige-se a seus pais e padrinhos e os cumprimenta, e o noivo faz o mesmo, ou os noivos se dirigem para o local apropriado para os cumprimentos, seguidos dos pais, padrinhos e convidados especiais.

Os convidados aguardam os noivos. Os pais e padrinhos dos noivos chegam 15 minutos antes da noiva e aguardam na sacristia. Quando a noiva estiver chegando, pais e padrinhos tomam seus lugares no altar. Este procedimento dá um destaque maior aos principais convidados: pais e padrinhos.

Existem duas formas:

1ª) Com a saída da sacristia diretamente para o altar, na seguinte ordem: noivo e mãe da noiva, padrinhos do religioso e padrinhos do civil. Imediatamente após a família do noivo, pais, padrinhos do religioso e do civil.

2ª) Com a entrada pelo centro da igreja, seguindo as posições descritas.

- a família da noiva do lado esquerdo do altar e a do noivo do lado direito.

Procedimentos do Casamento

- a noiva não deve atrasar, em sinal de respeito aos convidados;
- as damas de honra devem entrar à frente da noiva, com andar simples e lento e, chegando ao altar, devem seguir para lados alternados;

- a noiva entra conduzida pelo pai ou, na ausência deste, o irmão, o padrinho de batismo ou um tio. Sem preocupar-se com os fotógrafos segue, sorrindo. Chegando ao altar, beija o pai, sendo recebida pelo noivo que dá 2 passos em sua direção, segurando a mão direita e dá a já estendida para ele;
- começando a cerimônia, a mãe da noiva apanha o *bouquet*, para liberar sua mão e, quando termina a cerimônia, a mãe o devolve;
- no final da cerimônia, o noivo beija a noiva e os dois se retiram, pelo mesmo local da entrada ou pela lateral, dependendo da sacristia. Saem: os noivos, as damas, os pais da noiva, os pais do noivo, os padrinhos da noiva e, por último, os do noivo;
- nos cumprimentos, posicionam-se: os pais da noiva, os noivos e os pais do noivo;
- os padrinhos e os pais não podem usar preto no altar. É de bom tom combinarem as roupas e cores com antecedência;
- nos casamentos até as 19 horas não se usa *black-tie*;
- as músicas devem ser bem escolhidas (nunca tocar o hino de ação de graças na chegada);
- na recepção, uma mesa central deve ser separada para os noivos, os pais, os padrinhos e os avós, caso queiram. Se houver recepção após a cerimônia religiosa, os cumprimentos não serão na igreja;
- o bolo só é cortado após servidos os salgados;

Organização de Eventos

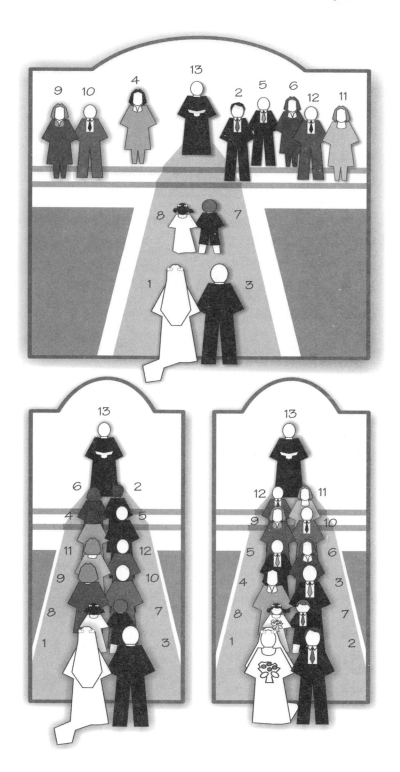

81

- os noivos devem ser os primeiros a saírem da festa, se desejarem;
- enviar os convites com 30 dias de antecedência;
- o ato de jogar o *bouquet* marca o final da festa; logo depois, a noiva deve sair;
- caso haja animosidade entre as famílias, é melhor designar uma mesa somente para os noivos ou com seus padrinhos, evitando-se ressentimentos.

Datas de Casamento

1º ano - Bodas de Algodão
2º ano - Bodas de Papel
3º ano - Bodas de Couro
4º ano - Bodas de Seda
5º ano - Bodas de Madeira
6º ano - Bodas de Jacarandá
7º ano - Bodas de Latão
8º ano - Bodas de Coral
9º ano - Bodas de Opala
10º ano - Bodas de Estanho
11º ano - Bodas de Topázio
12º ano - Bodas de Ônix
13º ano - Bodas de Safira
14º ano - Bodas de Quartzo
15º ano - Bodas de Cristal
16º ano - Bodas de Turmalina
17º ano - Bodas de Âmbar
18º ano - Bodas de Ágata
19º ano - Bodas de Água Mineral Marinha
20º ano - Bodas de Porcelana
21º ano - Bodas de Zarcão
22º ano - Bodas de Louça
23º ano - Bodas de Marfim
24º ano - Bodas de Turquesa
25º ano - Bodas de Prata
26º ano - Bodas de Alexandrita
27o ano - Bodas de Crisoprásio

Organização de Eventos

28º ano - Bodas de Hematita
29° ano - Bodas de Lã
30° ano - Bodas de Pérola
31° ano - Bodas de Nácar
32° ano - Bodas de Pinho
33° ano - Bodas de Crizo
34° ano - Bodas de Oliveira
35° ano - Bodas de Retilo
36° ano - Bodas de Cedro
37° ano - Bodas de Aventurina
38° ano - Bodas de Carvalho
39° ano - Bodas de Mármore
40° ano - Bodas de Rubi
41° ano - Bodas de Aço
42° ano - Bodas de Linho
43° ano - Bodas de Azeviche
44° ano - Bodas de Carbonato
45° ano - Bodas de Platina
46° ano - Bodas de Alabastro
47° ano - Bodas de Jaspe
48° ano - Bodas de Granito
49° ano - Bodas de Heliotrópio
50° ano - Bodas de Ouro
51° ano - Bodas de Bronze
52° ano - Bodas de Argila
53° ano - Bodas de Antimônio
54° ano - Bodas de Níquel
55° ano - Bodas de Ametista
56° ano - Bodas de Malaquita
57° ano - Bodas de Lápis Lázuli
58° ano - Bodas de Vidro
59° ano - Bodas de Cereja
60° ano - Bodas de Jade
61° ano - Bodas de Cobre
62° ano - Bodas de Telurita
63° ano - Bodas de Sândalo
64° ano - Bodas de Fabulita
65° ano - Bodas de Ferro
66° ano - Bodas de Ébano
67° ano - Bodas de Neve

68° ano - Bodas de Chumbo
69° ano - Bodas de Mercúrio
70° ano - Bodas de Vinho
75° ano - Bodas de Diamante
80° ano - Bodas de Nogueira

Etiqueta e Ritual para Casar na Igreja

A cerimônia religiosa do casamento segue normas preestabelecidas, principalmente quanto à disposição das pessoas no altar e à locomoção no templo. Para saber essas regras, veja as ilustrações a seguir. A figura maior mostra a disposição e a entrada tradicional. Embaixo, à esquerda, é retratada a entrada em cortejo e à direita a saída da Igreja. Ensaie o ritual. Para saber quem é quem, siga a numeração:

1. Noiva;

2. Noivo;

3. Pai da noiva;

4. Mãe da noiva;

5. Pai do noivo;

6. Mãe do noivo;

7. Pajem;

8. Dama;

9. Madrinha da noiva;

10. Padrinho da noiva;

11. Madrinha do noivo;

12. Padrinho do noivo;

13. Sacerdote.

Passos até o altar e dicas para a grande festa

Para a noiva: evitar decotes indiscretos, pois deve ficar de joelhos diante de um sacerdote.

Para o noivo: *smoking* em casamento não é a coisa certa; melhor usar fraque, meio-fraque ou um terno.

Para as damas e pajens: o ideal são crianças entre 6 e 9 anos.

Enxoval

Para casa

Escolha os lençóis, as toalhas, os guardanapos e monte um enxoval de sonhos.

Quarto do casal

4 jogos de lençol;

2 colchas;

1 cobertor;

1 manta;

2 edredons;

2 protetores de colchão;

2 travesseiros.

Quarto de visitas (opcional)

2 jogos de lençóis de solteiro;

2 mantas ou 2 cobertores de solteiro iguais;

2 colchas de solteiro;

2 travesseiros.

Quarto de empregada (opcional)

2 jogos de lençóis de solteiro;

1 cobertor;

2 mantas;

1 travesseiro.

Banheiro do casal

4 jogos completos de toalhas, incluindo os pisos;

4 toalhas de banho avulsas e 4 de rosto, coordenadas entre si;

3 pisos lisos;

2 toalhas de praia;

4 toalhas para lavabo;

1 roupão masculino;

1 roupão feminino.

Banheiro de empregada (opcional)

2 toalhas de banho e 2 de rosto, coordenadas entre si.

Sala de jantar

1 toalha de mesa fina com 12 guardanapos;

1 toalha de mesa branca com 12 guardanapos;

3 toalhas para uso diário;

1 jogo americano fino com 6 guardanapos;

3 jogos americanos para uso diário;

2 toalhas de bandeja finas;

2 toalhas de bandeja para uso diário;

2 toalhinhas para cesto de pão;

1 forro de mesa.

Copa e cozinha

10 panos de prato;

4 toalhas de mão;

2 aventais;

2 pegadores de panela.

Área de serviço

6 panos de chão;

6 panos de limpeza;

4 flanelas;

1 forro para tábua de passar.

Lista mais completa - Para deixar nas lojas, uma relação dos presentes de casamento. Confira:

Louças, vidros e cristais

Aparelho de jantar;

Jogo de chá;

Jogo de café;

Jogo de pratos para bolo;

Conjunto para sobremesa;

Jogos de copos para mesa;

Jogo de copos para bar;

Jarra de cristal;

Compoteiras;

Formas refratárias;

Vasos;

Vidros para mantimentos.

Metais

Jogo de panelas;

Faqueiro de prata;

Faqueiro inox;

Baixela de prata;

Baixela inox;

Aparelho de chá e café de prata;

Aparelho de chá e café inox;

Bandejas de prata;

Bandejas inox;

Jarras de prata;

Jarras de inox;

Porta pirex;

Descansos de mesa;

Jogo de facas;

Balde para champanhe;

Castiçais;

Réchaud.

Eletrodomésticos

Liquidificador;

Batedeira;

Processador de alimentos;

Torradeira;

Faca elétrica;

Panela elétrica;

Aparelho para fondue;

Cafeteira elétrica;

Ferro elétrico;

Rádio-relógio;

Ventilador;

Forno elétrico portátil;

Iogurteira;

Sorveteira;

Aquecedor;

Fritadeira elétrica;

Mixer;

Centrífuga;

Espremedor de frutas.

Decoração

Tapetes;

Antiguidades;

Gravuras;

Abajures e luminárias;

Esculturas;

Cinzeiros;

Porta-retratos.

Outros

Galheteiro;

Queijeira;

Porta-patê;

Porta-guardanapo;

Garrafa térmica;

Relógio para cozinha;

Tábua para frios.

Presentes alternativos - as listas de casamento mudaram. Sinal dos tempos. Os noivos estão mais pragmáticos, optando muitas vezes por receber dinheiro no lugar de louças ou eletrodomésticos.

Chás para quem vai Casar - tradicionalmente, é uma reunião dos amigos dos noivos para um chá ou lanche, a fim de presentear o casal com utensílios indispensáveis no lar:

Chá de cozinha

Abridor de latas;

Amaciador de carnes;

Assadeiras;

Bacias de plástico;

Baldes;

Cabides;

Cafeteira;

Capas para máquina de lavar e secadora;

Carrinho de feira;

Cesta para pregadores de roupa;

Coador de chá;

Colheres de pau;

Concha de sorvete;

Concha e escumadeira;

Copo de medidas;

Cortador de ovos;

Descaroçador de azeitonas;

Descascador de camarão;

Escada;

Escorredor de macarrão;

Escorredor de pratos;

Espremedor de alho e de batata;

Espremedor de laranja e limão;

Filtro;

Formas para bolo e pudim;

Forma de pizza;

Funil;

Galheteiro;

Jogo de facas para cozinha;

Lavador de arroz;

Lixeira;

Lixeira de pia;

Pá de lixo;

Pinça de macarrão;

Porta-embalagem de leite;

Porta-guardanapo;

Porta-filtro de café;

Porta-sabão;

Porta-talher;

Potes para mantimentos;

Rodinho de pia;

Saleiro;

Suporte para toalha de papel;

Tábua de carne;

Tábua de passar roupa;

Tesoura para aves;

Tigelas plásticas com tampa;

Vassouras e rodo.

Chá de bar

Abridor de garrafas;

Balde para gelo;

Bebidas variadas;

Colher para coquetel;

Conjunto de facas;

Coqueteleira;

Dosador de uísque;

Espremedor de limão;

Medidores;

Moedor de gelo;

Pegador de gelo;

Porta-garrafa térmica;

Saca-rolhas;

Suporte de copos.

Cartilha do bar

Para a familiaridade com os componentes básicos de um bar, segue abaixo este pequeno ABC, para se decifrar o vocabulário usado pelos iniciados na arte de beber e fazer bonito frente ao mais exigente dos *barman*.

Acessórios

Colher Bailarina – assim chamada porque dança na mão do barman, é longa e fina, usada para misturar os ingredientes e o gelo no copo misturador.

Copo Misturador – recipiente de vidro com capacidade para cerca de 1 litro usado para se preparar coquetéis variados.

Coqueteleira – recipiente em aço inox com tampa, usado para misturar ingredientes que não se mesclam facilmente ao álcool.

Passador ou Coador – usado para passar o coquetel já pronto para o copo onde será servido sem deixar o gelo cair junto.

Bebidas

Destiladas – obtidas através da destilação de cereais (uísque, gim, vodca), vinho (conhaque, *brandies*), fruta e cana-de-açúcar (*kirsch*, cachaça etc.).

Fermentadas – obtidas através da fermentação de frutas, cereais etc. (vinhos, champanhe, cerveja).

Licores – bebidas à base de álcool, frutas, açúcar e essências.

Vermutes – mistura de vinho, álcool e ervas aromáticas. Como os vinhos, podem ser do tipo branco, tinto, secos, doces etc.

Copos

Baloon – copo bojudo, de base larga, envolta pelo calor da mão, aquecendo lentamente as bebidas como conhaque ou *brandies*.

Long Drink – para servir coquetéis do mesmo nome; é um copo alto, com cerca de 300ml de capacidade.

Flut – para servir champagne e espumante em geral.

Old Frashioned – para servir o drinque homônimo, sua característica é afinar em direção à base.

On the Rocks – baixo e sem pé, usado para servir uísque com gelo.

Short Drink – taça com pé e capacidade em torno de 100ml, onde são servidos clássicos da coquetelaria como o *Dry Martini*.

Agenda – um roteiro para organizar o tempo.

Começar a preparar tudo com antecedência de 6 a 12 meses:

- determinar o quanto os noivos pretendem ou podem gastar com a cerimônia;

- fazer a escolha da igreja e do local onde será dada a recepção, se houver;
- fazer a lista completa dos convidados;
- levantar custos dos serviços de decoração, música, filmagem e fotografia; acertar com cada equipe a data e o horário pelo menos 4 meses antes;
- fazer os convites aos padrinhos escolhidos;
- definir o vestido e os acessórios da noiva;
- providenciar os convites e os cartões de agradecimento;
- começar a comprar e preparar o enxoval e a decoração da casa nova;
- os noivos devem fazer um *check-up* médico e odontológico.

3 meses antes:

- definir os serviços de *buffet*, a escolha o cardápio e acertar os pagamentos;
- escolher as músicas para a cerimônia;
- definir os trajes dos pajens e das damas de honra, junto com suas mães;
- sobrescritar ou mandar sobrescritar os envelopes dos convites;
- começar a planejar a viagem de lua-de-mel.

2 meses antes:

- encomendar as lembranças escolhidas;
- providenciar o aluguel ou confecção do traje da cerimônia do noivo;

- fazer a lista de presentes para deixar nas lojas;
- no cartório, dar entrada na documentação, levando duas testemunhas maiores de idade.

45 dias antes:

- começar a distribuir os convites, priorizando os enviados pelo correio.

30 dias antes:

- providenciar as bebidas para a recepção;
- providenciar hospedagem para eventuais convidados de outras cidades;
- reservar o hotel para a noite de núpcias;
- para a noiva, marcar hora, para o dia do casamento, com o cabeleireiro e o maquiador;
- distribuir os convites entregues pelos noivos, pessoalmente.

3 semanas antes:

- anotar nos presentes recebidos os nomes de quem mandou, para agradecer depois;
- fazer a lista com o que se deseja levar na lua-de-mel, providenciando o que falta;
- decidir de que maneira chegar à cerimônia. Se necessário, providenciar o aluguel de um automóvel;
- confirmar os serviços contratados;
- confirmar se os convites foram entregues.

2 semanas antes:

- fazer o chá-de-cozinha ou o chá-de-bar;

- confirmar todos os detalhes da viagem (passagens, documentos, hotéis);
- certificar-se de que o vestido e a grinalda estão prontos;
- se estiver acostumada, a noiva deve fazer uma limpeza de pele;
- certificar-se das providências quanto ao traje do noivo.

1 semana antes:

- lembrar o noivo de gravar as alianças;
- marcar e fazer o ensaio na igreja com os noivos, as damas e os pajens.

2 dias antes:

- arrumar as malas para a viagem de lua-de-mel.

1 dia antes:

- caso esteja habituada, a noiva deve depilar o buço, fazer as unhas das mãos e dos pés.

No grande dia:

- os noivos devem relaxar e fazer refeições leves, mais saudáveis, desfrutando cada instante.

SOUVENIRS

No final da recepção, a noiva costuma presentear seus convidados com pequenas lembranças acompanhadas por um cartãozinho com os nomes dos noivos e a data do casamento. Podem ser confeitos de amêndoas envolvidos em tule, renda ou organdi, sachês, lencinhos bordados ou miniaturas em porcelana, entre outras ideias criativas.

ORGANIZAÇÃO DE EVENTOS

DVD, vídeo e foto - imagens guardadas para sempre.

Grande ou pequeno, pomposo ou simples, não importa – o casamento é sempre um evento memorável. Portanto, deve-se registrar cada momento, cada flagrante da festa em fotos, vídeos ou DVDs.

Há estúdios especializados nesse trabalho, contando com profissionais competentes e experientes. Contratando seus serviços, os noivos ficarão tranquilos de que nenhum lance importante ou inesperado da cerimônia será perdido, além das cenas tradicionais e indispensáveis em qualquer álbum de noiva: a chegada e a entrada na igreja, a chegada no altar, o beijo e a troca de alianças.

Antes de se fechar negócio com o estúdio escolhido deve-se confirmar se o registro da festa (se houver) está incluído no contrato. Também é importante pedir para ver os trabalhos anteriores realizados, para se certificar de nada sair errado, além de combinar as formas de pagamento, levando-se em conta que o material deverá ser entregue mais tarde, possivelmente após a lua-de-mel. No caso de fotos, é comum os noivos fazerem uma pré-seleção para a ampliação. Para o registro em vídeo, verificar a possibilidade de utilizarem duas câmeras, assim a cerimônia e a festa poderão ser editadas de forma mais dinâmica.

Recepção – a festa certa de acordo com cada estilo.

Ao se planejar a recepção, ela deverá estar de acordo com o estilo e o horário do casamento. Se pela manhã, deve-se oferecer um *brunch* (combinação de café da manhã e almoço), com salgadinhos, crepes, sucos, coquetéis, tortas doces e salgadas, vinho branco e refrigerante. Se entre 11 horas e meio-dia, o melhor é um almoço convencional, com entrada, um ou dois pratos quentes e sobremesa. Nas recepções à tarde, entre 16 e 18 horas, servir canapés, pãezinhos de queijo, torradas e salgadinhos, acompanhados por chás variados ou coquetéis à base de champanhe e refrigerantes. Depois das 19 horas, oferecer um coquetel seguido por um prato quente, à maneira americana.

Para os casamentos mais suntuosos, após o coquetel, onde se servem canapés, champanhe, vinho branco e uísque, segue-se um jantar composto por entrada, dois pratos quentes e sobremesa. O serviço à francesa é o mais indicado para as festas mais requintadas.

Para finalizar qualquer recepção, independente do estilo, o bolo de casamento e um brinde aos noivos com champanhe *brut*, é indispensável.

Campo - cenário de sonhos para o casamento.

Se o casamento for se realizar no campo, informar-se primeiro sobre a possibilidade de uma cerimônia religiosa fora do templo – a igreja católica, por exemplo, costuma dificultar bastante esse tipo de casamento.

Resolvida a parte burocrática, deve-se procurar uma empresa especializada em organizar esse tipo de festa, que cuidará de tudo, desde o aluguel do local até a decoração, o serviço de *buffet* e a contratação dos músicos.

Para a cerimônia, monta-se um altar ao ar livre cercado de bancos ornamentados com flores e laços. No local da festa são colocadas mesinhas e um grande *buffet*.

Em geral, os casamentos no campo são seguidos por um almoço. Se a recepção for à tarde, o serviço deve ser mais rápido, terminando antes do anoitecer, pois esse tipo de festa só tem sentido quando realizada durante o dia.

Igreja - decoração e música para cada horário.

Cerimônias pela manhã, com poucos convidados, podem ser celebradas em capelas decoradas com flores-do-campo, criando uma atmosfera romântica. Violinos e flautas tocando músicas sacras combinam com esse clima.

Casamentos à tarde, por sua vez, pedem ambientes clássicos, sem brilhos ou velas. Laços de fita e passadeiras em gorgorão são perfeitos nesses ambientes.

Depois das 20 horas, os casamentos podem ser mais suntuosos, realizados em grandes igrejas e catedrais, com decoração mais elaborada. Para eles, o requinte de passadeira em veludo ou tafetá, dos arranjos de flores exóticas e de uma orquestra ou um coral são ideais.

Bodas de Prata, Ouro ou Platina

Todos os parentes e convidados devem chegar pontualmente à igreja. Os primeiros bancos são reservados para os filhos, noras, genros e netos do casal.

Na frente do altar estarão ornamentados dois oratórios onde ficará o casal. Se necessário, colocam-se duas cadeiras para os homenageados.

A missa começa normalmente e na hora da homilia ou sermão, previamente combinado com o padre celebrante, o filho mais velho dirige-se ao altar e lê ou fala, rapidamente, algumas palavras sobre seus pais. Ao término da missa, sai o casal homenageado, seguido pelos filhos e assim por diante.

Se há festa para todos os convidados, os homenageados vão direto para o local, caso contrário o casal recebe os cumprimentos na sacristia da igreja.

O filho mais velho recebe os convidados nas recepções de Bodas de Prata, Ouro ou Platina. Não havendo filho homem será a filha mais velha. E, na falta de filhos, o irmão mais velho dos homenageados.

Ninguém da família deve usar preto nesta ocasião.

A música deve ser alegre, constante e suave.

O padre benzerá as alianças. Nas Bodas de Prata, a aliança é a mesma, sendo colocado um fio de platina no centro externo da mesma. Nas Bodas de Ouro, as alianças serão novas, de ouro com gravações. Nas Bodas de Platina, as alianças serão de platina.

Nestas ocasiões, deve-se presentear com prata, ouro ou platina (conforme a boda).

O convite para as bodas pode ser feito pessoalmente ou por telefone, mas a opção mais apresentável é mandar imprimir.

Festa: 15 Anos

Esta festa é tradicionalmente feminina, não impedindo sua comemoração, também, caso seja para menino. O convite deve ser impresso.

A aniversariante tem duas opções:

1ª) Usar um vestido para receber os convidados e trocá-lo para a valsa;

2ª) Permanecer com o mesmo vestido a festa toda.

Para dançar as valsas existem duas opções:

1ª) Dançar rodeada de 15 pares de amigos, que homenageiam os 15 anos da aniversariante:

Entram 15 casais com um pequeno *bouquet* de flores e uma vela acesa posicionando-se em círculo. Na 3ª valsa a aniversariante vai dançando e apagando as velas, o casal que tem sua vela apagada começa a dançar, e assim por diante.

No caso da aniversariante escolher a cor e o efeito do vestido das moças, ela arcará com os custos. Caso escolha somente a cor, o custo é da convidada.

Pode-se, também, alugar vestidos para as damas em confecções, diminuindo os custos de ambas as partes.

2ª) Dançar as valsas clássicas com o pai, padrinho e o namorado. No meio desta última, por iniciativa dos pais, todos dançam.

Antes de começar a valsa, os convidados se encaminham para perto do local da dança e o mestre de cerimônia lê uma biografia da aniversariante.

15 anos - aniversariante masculino

O rapaz de 15 anos também tem direito a comemorar o seu 15º aniversário. Porém, o protocolo é completamente diferente. A escolha do tipo de festa ficará a cargo dele ou de seus pais, conforme as condições econômico-financeiras, sem precisar seguir nenhuma regra protocolar.

Normalmente o rapaz escolhe um lugar para conhecer, viajando com amigos ou sozinho.

13 anos - Bar-mitzvá - aniversariante masculino

Ao completar 13 anos, o jovem judeu atinge sua maioridade religiosa. Para marcar esta passagem, é celebrado o Bar-Mitzvá, uma cerimônia que ressalta a importância de cada um dos judeus na corrente ancestral do judaísmo.

RECEPÇÕES

Os eventos abaixo merecem ser observados com maior rigor quanto às regras de cerimonial e do protocolo.

CHÁ

Evento descontraído proporcionando descontração, requinte e relax ao mesmo tempo. Embora descontraído, o requinte é necessário.

O horário tradicional inglês para o chá é às 17h horas. Como essa bebida é uma infusão leve e delicada, considera-se de mau gosto aproveitar a ocasião para resolver negócios ou abordar assuntos emocionais, não ser que seja emoção num *tea for two*.

É sempre servido em xícaras relativamente rasas e acompanhado de torradas, manteiga e geléia. E mais:

- pão-de-ló;
- bolo seco – uma seleção;
- recheados, tortas e doces;
- entre outros...

É comum, também, se servir com o chá um *buffet* mais farto, com sanduíches, doces e salgadinhos frios e quentes. Neste caso, a escolha das bebidas deve ser ampliada, com a oferta de chocolate, mate, refrescos e refrigerantes.

DRINQUES

São reuniões marcadas para antes do jantar, das 18h às 20h, ou para depois do jantar, após as 21horas.

Não há formalidades e permitem maior iniciativa dos convidados ou mesmo o serviço de *self-service*.

Nos EUA é chamada *open-house*, casa aberta, recepção informal em casa, quando se serve variedades de bebidas alcoólicas, salgadinhos ou churrasquinhos. Este estilo de reunião também é usado no Brasil.

São utilizados para:

- novas relações;
- renovar contatos;
- despedir-se de amigos por ocasião de viagens;
- comemorar algum evento após o horário de trabalho.

COFFEE - BREAK

É o tradicional lanche, "parada para o café", que tanto pode ser no período da manhã como à tarde (10h 30 ou 16horas), simbolizando um descanso e confraternização entre duas fases de um evento. Devem ser servidos: café, leite, chá, sucos, pães, brioches, bolos, manteiga, geléia e frios.

COQUETEL

Caracteriza-se pela reunião de pessoas com o objetivo de confraternização, motivada pela comemoração de acontecimento. Trata-se de um evento coloquial no qual as pessoas se confraternizam com bebidas diversas e canapés. O sucesso do coquetel depende de sua organização não tão cerimoniosa como os jantares, da adequação de público/evento e do equilíbrio entre bebidas, canapés e o tempo de duração do mesmo.

Número de Participantes: indeterminado.

Cadeiras: dispensável, entretanto, é interessante ter algumas de reserva, para os mais idosos, ou aqueles com dificuldade de permanecer em pé.

Mesa de Apoio: é essencial, para colocar os copos, cinzeiros, guardanapos etc.

Duração: evento de curta duração, 1 hora e meia, aproximadamente.

Horário Ideal: Após 19 horas.

É habitual oferecer o coquetel antes do almoço, quando a ocasião é mais formal, entretanto, nesse caso, o evento é somente um apoio para o almoço, com duração de no máximo 20 minutos.

Observação: evento leve, atraente. É um acontecimento rápido, por isso, prolongá-lo é afastar-se do seu objetivo.

BRUNCH

Evento social comum nos Estados Unidos (hoje já adotado no Brasil). Uma composição de café da manhã e almoço, servido em estilo *buffet*.

Objetivo: apresentar uma ideia ou um produto, com finalidade comercial.

Duração: livre, com horário ideal entre 10h e 15horas.

Público-Alvo: clientes potenciais.

Dicas:

- evento inadequado para confraternização e entretenimento;
- utilizado para lançamento de tecnologias, serviços e produtos;
- também utilizado para uma coletiva de imprensa ou apresentação de uma novidade no mercado;
- o sucesso do evento está no equilíbrio entre doces e salgados e entre sucos e bebidas alcoólicas (de baixo teor);
- é uma opção muito usada por hotéis.

CHÁ DA TARDE

Reunião descontraída, flexível em relação ao número de convidados, horários e cerimonial.

O chá da tarde compõe-se de: chás, sucos, café e leite, acompanhados de bolos, *petit-fours*, sanduíches, salgadinhos, doces, tortas doces e salgadas.

Pode ser organizado em residências, clubes e hotéis.

Horário ideal a partir das 15horas.

Obs.: Não escolher este evento para discutir ou negociar situações conflitantes.

ALMOÇO/ JANTAR

Evento mais utilizado para comemorações, confraternizações e consolidação de negócios entre parceiros empresariais. O jantar é mais formal do que o almoço, exigindo uma forma mais elaborada, com planejamento e cerimonial adequados.

O tipo de serviço – forma de servir – deve ser determinado de acordo com o protocolo da ocasião, sendo quatro os mais habituais no Brasil:

- serviço à francesa;
- serviço à inglesa;
- serviço americano;
- serviço franco-americano.

EXCURSÃO SOCIAL

Evento utilizado em empresas como política de entrosamento. Caracteriza-se pela formação de grupos de pessoas (famílias, amigos ou não), com o objetivo de passarem juntos um ou mais dias viajando, apreciando lugares diferentes.

É aconselhável que a empresa contrate uma agência especializada em turismo – agência de viagem – para não ter problema na implantação. É necessário confirmar previamente o programa, que deve ser detalhado, com atividades diárias, diurnas e noturnas, e planejamento estratégico, com definições até corriqueiras, como: quem dorme com quem etc. Sem tudo definido, o evento pode fracassar. São indispensáveis: o acompanhamento de guias, monitores, entre outros, e os cuidados com a segurança.

Observações:

- prestar atenção, avaliando os prós e contras, antes da implantação deste tipo de evento na empresa;

- lembrar: pessoas trabalhando juntas são conhecidas, talvez até amigas, mas nunca íntimas;
- a convivência em ambiente de trabalho durante oito horas diárias é uma coisa; mas dois ou mais dias fora de casa, é outra.
- muitas vezes o entrosamento não se realiza, principalmente se a família estiver junto. Mulheres / maridos e filhos que não trabalham na empresa tornam-se problemas para o funcionário em excursão. Não é regra, mas vale lembrar.

JANTAR DANÇANTE

Realizado em clubes, salões, casas de festa ou hotéis. Pode-se ter como temática *flashback*, música ao vivo com banda ou orquestra.

FESTAS PÚBLICAS

São comemorações de comunidades, com a participação de órgãos públicos, como:

- aniversário de emancipação do município;
- aniversário da fundação de uma cidade ou bairro;
- dia do santo padroeiro ou outro santo.

FESTAS TEMÁTICAS

São eventos especificados pelo encontro de afinidades do público-alvo como:

- Festa da Uva, em Gramado – RS;
- Carnaval fora de época, evento que ocorre em diversos estados do país;

- *Bauer* Fest, em Petrópolis – RJ;
- Festas juninas;
- *Oktoberfest*, em Blumenau – SC;
- Festa do Peão Boiadeiro;
- Festa do Tomate, em Paty do Alferes – RJ; entre outras.

Estes eventos são planejados para um grande público, com patrocinadores, apoios e promotores de mega-eventos.

Por serem realizados em sua maioria ao ar livre, contando com público diversificado – crianças, adolescentes e adultos – todo cuidado é pouco, necessitando de apoio e aprovação de órgãos públicos do local, como a Secretaria de Segurança Pública, o Corpo de Bombeiros, a Secretaria de Saúde, a Polícia Militar e a Civil, entre outros, envolvidos direta ou indiretamente no evento.

É necessário prever: toaletes, estacionamento proporcional ao tamanho do evento, entrada e saída de público, veículos, carga e descarga, pontos de ônibus, táxis e vans, alimentação e bebidas em pontos estratégicos do evento e, principalmente, a segurança do público.

FESTAS INFANTIS

Normalmente são festas temáticas, como: personagens de filmes de Walt Disney, os super heróis, Mônica e Cebolinha, Barbie, entre outros.

É necessário:

- prever a segurança das crianças, não deixando no chão buracos nem pregos, cordas, fios usados na montagem da festa, supervisionando todos os espaços e acabamentos;

- providenciar mesas e cadeiras para os pais ou acompanhantes;
- designar pessoas da organização que recebam as crianças convidadas e avisem aos seus responsáveis do horário que devem buscá-las, anotando endereço e telefone para qualquer eventualidade.

EVENTOS ESPORTIVOS

TORNEIO

Semelhante ao concurso, caracteriza-se pelo caráter esportivo, espírito de competição e a complexidade na organização; o que o diferencia do concurso é o regulamento, estabelecido pela comissão organizadora, específico à modalidade esportiva. É aconselhável a assessoria de um técnico profissional ou especialista do setor.

Observação: nas empresas, seu retorno é menos questionável que o concurso, pois o próprio regulamento da modalidade esportiva já determina a forma e as condições necessárias para 2vencer, não necessitando júri e tornando o evento mais isento de interesses.

GINCANA

Evento com característica de competição. Conta com diversos participantes, organizados em equipes, que recebem tarefas, devidamente planejadas por uma comissão organizadora, a serem cumpridas. As equipes vencedoras recebem prêmios ao final.

EVENTOS CULTURAIS

SHOW

É um encontro artístico, destacando-se a música. Realizado para um determinado segmento de público que aprecia: ou rock, ou MPB, ou música sertaneja, ou jazz, etc.

Caracterizado pela participação do público-alvo de entretenimento, com fim cultural ou não, baseado na música, dança ou teatro. O show pode ter diferentes características, pertencer às categorias de evento institucional ou promocional, podendo, também, alavancar outro tipo de evento, como campanhas, por exemplo, mas necessita de planejamento específico.

MEGASHOW

É um show, mas programado para um público muito maior. Dependendo do tamanho do evento, um grande número de profissionais especializados em som, iluminação e efeitos devem estar envolvidos.

O palco requer cuidados especiais, sua dimensão deverá ser apropriada para o volume e o peso que suportará, levando-se em conta a quantidade de instrumentos e caixas de som, telões, artistas, displays, entre outros equipamentos necessários à segurança de todos. A segurança dos artistas é muito importante! O palco deve ser bem construído, porém deve-se pensar numa provável invasão do público. Por isso, deve-se prever uma boa distância entre a platéia e os artistas.

TALK-SHOW

É um evento que associa uma entrevista com um artista de renome acoplada a um *back musical*. Para produzir um evento deste, deve-se fazer o planejamento como um show comum, com direito a mapa de palco, sets 2 de programação definidos, porém com o acréscimo de um apresentador ou mestre de cerimônias, que fará perguntas ao artista, provocando respostas de cunho pessoal, satisfazendo a curiosidade do público-alvo.

SARAU

É um evento composto por amigos, textos, músicas, um local descontraído e aconchegante, petiscos e bebida.

No Romantismo, sarau era um encontro vespertino entre famílias amigas, um pretexto para as mocinhas dedilharem ao piano alguma modinha ou declamarem poesias num clima de amizade.

Amigos: num sarau, o importante é ter pessoas participativas. Platéia e aglomeração mais atrapalham do que ajudam, já que são essenciais o silêncio e a concentração. Vale interpretar, também. Indispensável é que todos sejam incentivados para ler, declamar, interpretar, cantar.

Textos: selecionar poesias, crônicas, contos, fragmentos de romances, análises e avaliações de peças teatrais e de seus autores. Procurar não escolher textos longos demais, para não perder a atenção dos ouvintes. É interessante pedir a leitura de pelo menos um texto próprio de cada participante. Isso incentiva a aproximar as amizades, testar estilos, adquirir a confiança e a interação de todos.

Local: pode ser uma casa ou apartamento de um dos participantes. Colocar almofadões pela sala auxilia na descontração entre os participantes, que ficam bem aconchegados e podem prestar atenção na leitura e a voz de quem lê, em pé, no centro, circula melhor pelos ouvidos.

Um sarau ao ar livre também é uma boa ideia, sob a luz das estrelas e da lua, não esquecendo as lanternas para a leitura dos textos. No caso de se fazer uma fogueira, deve-se obedecer às normas de segurança contra o fogo.

Bebida: um vinho é adequado, principalmente no clima frio; conspira perfeitamente com a atmosfera poética e lírica. Porém, tudo dependerá do local, do clima e da preferência dos participantes.

LUAU

É um evento alegre, de origem havaiana, descontraído e perfeito para se divertir com os amigos.

Para alcançar pleno êxito na diversão, é necessário seguir alguns procedimentos que permitirão manter o clima, como:

A importância do local - é feito quase sempre na praia ou perto dela, de onde se possa ver o mar e curtir a paz e o visual. Mas pode também acontecer em casa de campo ou na cidade. O luau sempre começa ao pôr-do-sol, para aproveitar o clima menos quente e as cores do anoitecer. O mais importante, porém, é dar o clima da festa com a decoração apropriada, muita música e pratos leves e refrescantes.

Duração - um luau típico deve durar pelo menos três horas.

Comportamento havaiano - este não é o tipo de evento com predominância de etiqueta social na maneira de proceder:

- o primeiro passo antes de entrar na festa é tirar os sapatos, permitindo a descontração, leveza e o ar informal;
- os anfitriões darão, à entrada de cada convidado, uma flor, que deve ser colocada sobre a orelha esquerda, pois, segundo a tradição havaiana, está mais perto do coração;
- também pode ser oferecido um colar com flores, tradicional em festas havaianas, que deverá ser colocado no pescoço;

Decoração - fazem parte da decoração das tendas as folhas e flores típicas.

Animação musical - violões e *ukekeles* (pequenos violões) são tocados para animar a festa, acompanhados por dançarinos que fazem a *hula*, uma dança que simboliza histórias de amor, poder e elementos da natureza.

Jantar do luau - tradicionalmente, o jantar do luau é servido no chão, sobre esteiras cobertas de folhas típicas da região. É costume comer com as mãos, sem talheres, mas pode-se oferecer talheres descartáveis, por serem mais fáceis de levar para a praia. Deve-se montar uma bela mesa para colocar os pratos, decorada com folhas e flores, esteirinhas de madeira para cobrir a mesa e cestas com pétalas de flores e velas. Conchas também combinam com o ambiente. Pode-se incluir, também, frutas tropicais, que darão o colorido natural, de forma delicada, alegre e apetitosa.

FORMATURA

É um evento realizado após o término de algum curso, seja fundamental, ensino médio, formação, extensão, técnico, especialização, graduação, mestrado e doutorado, quando os formandos recebem seus certificados ou diplomas.

A turma que está se formando escolhe um patrono, geralmente uma pessoa de considerável carisma, um paraninfo, normalmente um professor querido que irá representar os formandos na cerimônia, homenageando-os com um discurso.

Também discursam o representante da turma e o reitor ou diretor, de acordo com o curso.

Algumas pessoas ilustres são convidadas a compor a mesa, podendo ou não discursar.

A comissão organizadora deve começar a planejar o evento, normalmente desde o início do curso. Os formando contribuem mensalmente com uma quantia estipulada de modo a cobrir todas as despesas com as várias atividades que irão ocorrer no evento.

Os trajes são avaliados e especificados com antecedência e alugados em casas especializadas de acordo com o tipo de formatura.

Quanto aos anéis de formatura, têm pedras de cores variadas, dependendo da profissão, por exemplo:

Engenharia – azul;

Magistério – ônix;

Medicina – esmeralda.

Direito – vermelha.

A sequência de atividades previstas é:

- missa ou culto – quando os formandos são abençoados;
- cerimônia de entrega dos certificados;
- coquetel ou jantar dançante, podendo ter música ao vivo.

A criatividade na organização de uma formatura não segue nenhuma receita de bolo. As manifestações de satisfação, alegria e prazer pelo final de uma etapa tão importante na vida podem ocorrer mesmo se mantendo o momento solene, formal e tradicional da cerimônia. A imaginação e inovação devem trazer à tona situações criativas e prazerosas, como: fotos e filmagens feitas previamente, atividades ou relatos de passagens a serem lembrados ao longo do curso, o ritual de entrega dos certificados e outros aspectos que a turma e a comissão organizadora achem importante serem lembrados. Recordar momento vivenciados pela turma, sedimentando estes momentos com outros aspectos que se somarão às recordações, irão formar a corrente que vai estreitar os laços de amizade entre os formandos, contribuindo para a satisfação de parentes e amigos presentes ao evento.

DESFILE

Caracteriza-se pela apresentação de produtos, geralmente ligados à moda, acessórios ou jóias, com a utilização de modelos ou manequins.

Condições básicas para o sucesso de um desfile:

- adequação dos produtos demonstrados com o público convidado;
- local adequado, com visibilidade e arejamento;
- total harmonia entre produto e música de fundo;
- explicação clara e objetiva de cada produto apresentado;
- critérios na escolha dos modelos/manequins;
- montagem de *show-room* dos produtos desfilados, se o objetivo for vendas no local.

Duração ideal: 1 hora e meia;

Chá/lanche: oferecido após o evento;

Sorteio: para conquistar o público, é interessante o sorteio de peças desfiladas – no mínimo três. No caso de desfile de jóias, escolher uma de menor valor, tomando cuidados com a segurança.

Horário ideal variado:

- no horário do café da manhã ou almoço;
- na parte da tarde;
- à noite, com um show ou outro evento.

Observação: é um evento sempre bem vindo, serve de entretenimento ou para alavancar outros eventos, por exemplo, a inauguração de um hotel.

VERNISSAGE

Evento demonstrativo, caracteriza-se pelo lançamento – primeiro dia – de uma exposição, geralmente de objetos artísticos (pinturas, esculturas...). Pode ser individual (apenas um artista expositor) ou coletiva (mais de um expositor). O termo *vernissage* é francês. Conta a história que os artistas boêmios franceses, no século passado, ao terminarem um quadro passavam uma mão de verniz e convidavam os amigos para apreciarem a obra pronta, recém-envernizada, acompanhada de uma boa taça de vinho.

Tem objetivo expositivo e de venda, por isso é necessário:

- a escolha do público adequado para convidar;
- um local apropriado à exposição, com ventilação e facilidade de circulação;
- a boa visibilidade dos trabalhos expostos;
- a identificação dos trabalhos expostos já vendidos – pode-se usar etiquetas adesivas em formato de bolinhas vermelhas, ou mesmo a etiqueta "vendido", sobre o trabalho;
- a identificação de cada trabalho com nome e preço, que pode constar somente de uma lista, que deve estar acessível aos interessados;
- um coquetel.

Horário ideal: das 18h30 às 21h30 horas.

NOITE/TARDE DE AUTÓGRAFOS

Evento de lançamento de obra literária de determinado autor. Tem objetivo demonstrativo e de venda.

Caracteriza-se:

- pela presença do autor para autografar o livro para os convidados – exceto no caso de obra póstuma;
- pela venda do livro lançado;
- pelo planejamento específico com adequação de público para convite;
- pela divulgação;

- pelo esquema para venda, a cargo de uma pessoa que deverá estar sentada em mesa oposta à do autor, escrevendo o nome de quem estiver recebendo o livro num papel separado, que ficará dentro do livro a ser entregue ao autor;
- pelo esquema para autógrafos;
- pelo coquetel.

Horário ideal: das 18h30 às 21h30 horas.

EVENTOS RELIGIOSOS

FESTAS RELIGIOSAS

Neste item se incluem procissões, queimas de fogos, visitas às casas, missas. Normalmente têm um significado cultural. Nestes casos, esses eventos podem terminar com um espetáculo ou show em praça pública.

MISSAS

Local: igrejas ou outros locais adequados para se celebrar a missa ou culto, de acordo com o tipo de religião e evento.

Providências:

- seguir a liturgia previamente determinada pelo oficiante;
- escolher com antecedência a pessoa (ou pessoas) que irão participar das leituras, por determinação do celebrante;
- ler o texto antes, treinando o que e como será lido;
- prever os lugares para os principais convidados e o tempo de duração.

Em missas de luto, nas cadeiras ou bancos da primeira fileira, à direita do corredor (considera-se a entrada do local), onde geralmente ficam as autoridades, devem estar os familiares. Nesse caso, as autoridades ocupam a primeira fileira à esquerda do corredor.

O lugar de honra da igreja é à direita. É onde fica a Bandeira Nacional e, do lado oposto, à esquerda, fica a Bandeira da Santa Sé.

Traje – deve-se estar adequadamente vestido, significando respeito, devoção e bom senso.

CERIMÔNIA FÚNEBRE

Embora seja um tipo de evento triste e de difícil aceitação, necessita ser organizado com ordem, disciplina, tato, diplomacia e, principalmente, sensibilidade.

A morte de alguém não invalida a preocupação com a cerimônia, é a última homenagem ao ser humano que se foi.

A primeira preocupação deve ser o horário e local do falecimento, pois a partir disto todas as providências serão tomadas:

- verificar horário e local de falecimento (se em hospital, em casa, na rua, em outro estado ou país);
- se a causa da morte for acidente, verificar a necessidade de perícia; não sendo, iniciar o pedido de atestado de óbito;
- remover o corpo de onde está para o local do velório, após verificar a capela e o cemitério de preferência da família;
- avisar imediatamente aos amigos próximos e parentes o falecimento, a capela, o cemitério e o horário do enterro. Este aspecto merece um esforço da família, para não esquecer ninguém, fazendo uma lista das pessoas que se relacionavam com o falecido. Havendo dificuldade

de comunicação telefônica, encarregue alguém de avisar pessoalmente. Uma pessoa equilibrada e calma deve se encarregar de avaliar a lista e coordenar os contatos;
- providenciar um padre para, no velório, dizer algumas palavras aos parentes e amigos.

Não se usa mais fila interminável de pêsames aos parentes. Ao chegar ou na saída, as pessoas manifestarão seu pesar.

O pesar pode ser demonstrado através de:
- um abraço forte;
- um aperto de mão;
- expressões como: "Meus sentimentos", "Meu pesar" ou "Meu profundo pesar", "Meus pêsames", ou ainda, "Se precisar de alguma coisa, conte comigo";
- envio de flores, corbelhas, flores do campo etc.

Observação: É comum a pessoa sentir-se constrangida de dizer algumas palavras, porém não se pode esquecer que aquele que perde alguém querido está carente e necessitado de palavras de conforto e de solidariedade.

O organizador deverá ser e adotar, os seguintes procedimentos:
- possuir senso de sensibilidade e organização;
- preocupar-se com o horário do falecimento;
- preocupar-se com o cerimonial para determinar o horário do enterro;
- verificar a capela ou local onde será velado o corpo;
- providenciar o cerimonial, que será de acordo com a religião do falecido;
- verificar os deslocamentos de todos, inclusive do ataúde;

- providenciar os avisos e os comunicados;
- verificar como e onde se dará os pêsames aos parentes;
- verificar e avisar quais os trajes adequados:

Para amigos/parentes, entre outros:

- reservar os lugares na igreja ou capela para os mais próximos;
- verificar o local e o horário da missa de 7° dia e avisar a todos os amigos e parentes;
- providenciar os agradecimentos futuros;
- verificar quem irá conduzir a cerimônia, se padre, rabino, pastor ou outro;
- verificar quem deseja falar, antes do sepultamento e orientar a quem de direito, quem fala primeiro, segundo e/ou terceiro lugar.

Se o falecido é de renome social, uma autoridade ou um político, deve-se acrescentar às providências:

- Bandeira Nacional;
- Hino Nacional ou outro;
- banda musical;
- Corpo de Bombeiros para conduzir o corpo;
- Polícia Militar;
- guarda de trânsito;
- saber se haverá algum pronunciamento, quantas pessoas falarão e a ordem;
- contatar a imprensa, falada, escrita e televisada, passando todas as informações sobre o sepultamento;

- verificar o interesse de relembrar fases, obras ou momentos significativos do falecido, selecioná-los e divulgá-los através da imprensa.

Missa de 7º Dia

Providências para a realização da missa:
- marcar a data, o local (igreja) e horário da missa;
- verificar quais as pessoas que serão comunicadas;
- ligar ou enviar telegrama informando;
- não há necessidade de enviar convite formal; um telefonema é o bastante ou, em casos especiais, enviar telegrama ou e.mail;
- passar para quem vai celebrar a missa as informações relevantes além do nome do falecido;
- verificar o local na igreja para os cumprimentos aos parentes, após a missa;
- os primeiros bancos da igreja ficam reservados para os parentes mais próximos;
- caso haja a formalidade dos cumprimentos – a desejo da família – após a missa, os parentes dirigem-se ao local reservado para os manifestos de pêsames.

Para a organização e realização de um evento é necessária a utilização de recursos humanos.. Assim sendo, passamos a descrever a partir de agora, algumas descrições de ocupações de profissionais que podem ser terceirizados ou fazer parte da comissão organizadora, o que facilita bastante no momento de designação de responsabilidades de cada um.

ORGANIZADOR DE EVENTOS.

É o profissional que tem a responsabilidade de desenvolver as atividades de planejamento, organização, promoção, realização, administração dos recursos e,prestação de serviços especializados de eventos.

COORDENADOR DE EVENTOS.

Comercializa espaços físicos para eventos, como também, produtos e serviços em hotéis, instituições, órgãos/empresas, centro de convenções, entre outras atividades.

OBS: Em muitos casos, um só profissional desenvolve estas duas responsabilidades – organizador e coordenador.

RECEPCIONISTAS DE EVENTOS

É o profissional que recebe os participantes, convidados, autoridades, entre outros. Orienta, acomoda as pessoas, fornece informações, opera equipamentos, distribui documentos, pastas e materiais em geral.

Além disso, ainda supervisiona tudo, buscando manter a ordem, a disciplina e o cumprimento da programação do evento.

COORDENAÇÃO DE EVENTOS.

A palavra coordenação nos leva ao conceito de controlar, de delegar, de unir, de somar, equilibrar o ambiente, orientar as pessoas e facilitar para que tudo transcorra conforme planejado.

ORGANIZAÇÃO DE EVENTOS

O sucesso do evento depende muito de uma completa programação completa. Esta parte é bastante cansativa, quando todo cuidado é pouco, pois logo depois virá a execução de todo planejamento idealizado.

Para alcançar pleno objetivo da organização e da montagem geral serão necessários vários apoios que darão o suporte que um evento de médio ou grande porte exige na sua preparação.

APOIOS PARA ORGANIZAÇÃO DE EVENTOS PROFISSIONAIS OU CORPORATIVOS SÃO:

- operacional;
- secretaria;
- cabine de som / luz / tradução;
- logístico;
- pessoal;
- externo;
- tradução simultânea.

DESCRIÇÃO DOS APOIOS:

1- APOIO OPERACIONAL

O apoio operacional tem o objetivo de organizar o espaço físico do local em:

Eventos de plenário;

eventos abertos;

eventos estilo banquete.

EVENTOS DE PLENÁRIO COM ESTILOS:

- Auditório;
- escolar;
- espinha de peixe;
- em "u";
- linear.

Estilo auditório:

Eventos informativos – não necessitam de anotações;

exige uma mesa diretora central;

as cadeiras ficam em filas, horizontais e verticais, intercaladas.

Estilo escolar

São eventos informativos e questionadores, com anotações;

a montagem é feita com cadeiras, mesas e pranchas;

ocupa mais espaço, por isso a necessidade de menor número de pessoas.

Estilo espinha de peixe

Para eventos informativos e questionadores;

a montagem é feita por mesas ou pranchas, em forma diagonal, com espaço central em forma de corredor;

restringe o número de pessoas em 40% em relação ao auditório, pois ocupa muito espaço.

Estilo em "U"

- Eventos informativos que necessitam de interação, com anotações e boa visualização da projeção;
- a montagem é feita com carteiras ou mesas e cadeiras;
- restringe a capacidade do número de pessoas em 60% em relação ao auditório;
- não se deve usar este estilo para público acima de 30 participantes.

Estilo linear

- Para reuniões e sessões de comissões técnicas, em congressos e eventos similares;
- permite fácil diálogo e interação entre os participantes;
- não é aconselhável para mais de 20 pessoas.

ALGUNS EXEMPLOS DE MESAS E ESTILOS

EM "U"

ESCOLAR

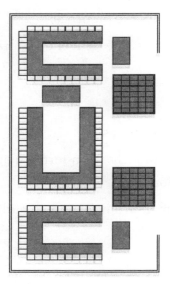
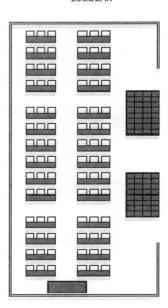

CAPACIDADE PARA REUNIÕES POR NÚMERO DE PESSOAS

DIMENSÕES M²	AUDITÓRIO CADEIRA SEM BRAÇO	AUDITÓRIO CADEIRA COM BRAÇO	ESPINHA DE PEIXE	EM "U"	CÍRCULO COM BRAÇO	CÍRCULO SEM BRAÇO
58	50	40	30	25	25	25
88	120	80	50	40	55	55
204	240	200	120	80	60	80
48	50	50	25	20	20	20
33	30	30	15	15	15	15
57	60	50	30	25	25	25
84	120	100	40	35	40	45

EVENTOS ESTILO ABERTO

Para eventos com participação de pé, como coquetel, inaugurações. é imprescindível o preparo de mesas de apoio, a previsão de espaço de circulação em 100 m2 para 100 pessoas, como exemplo:

EVENTOS ESTILO BANQUETE

Tipos de Mesas:

- Oval: para 4, 6, 8, 12 ou 14 pessoas;
- retangular;
- linear para até 12 pessoas;
- em "U", em "I" com alterações;
- em "E", em "T", em dentes;
- outras (o nº de pessoas que couber).
- Para cálculo de capacidade de 100m²:
- sentadas, estilo francês ou inglês = sem *buffet* = 80 pessoas;
- sentadas, estilo americano ou franco-americano = com *buffet* = 70 pessoas.

2- SECRETARIA DE TRABALHOS OU DE EVENTOS

É o local onde ficam as recepcionistas sob a orientação de um coordenador.

Principais funções : recepção dos inscritos, novas inscrições, entrega de material, informações, lista de controle, entrega de certificados.

Requisitos básicos: pessoas uniformizadas, usando crachá de identificação, com maquiagem sóbria, cabelos presos, bom treinamento, informadas sobre a ordem do dia, gentis, educadas e eficientes, de postura séria, mas agradável, atenciosas e discretas.

2.1 SALA DE RECEPÇÃO A AUTORIDADES OU SALA "VIP"

É o local onde se recepcionam autoridades, convidados especiais e palestrantes / conferencistas.

Condições básicas:

- Ter o programa do evento (programação) no local;
- localizar-se próximo ao local do evento;
- decoração agradável;
- possuir temperatura amena;
- recepcionista de plantão;
- linha telefônica e computador;
- sofá, água, café e outros (se for o caso);
- espaço para guardar pertences dos palestrantes / conferencistas ou convidados especiais;
- ter um garçom e recepcionistas a disposição para atender os *"vips"*.

2.2 SALA DE IMPRENSA

É o local para se recepcionar a imprensa.

A organização desse espaço é de responsabilidade do assessor ou da assessoria de imprensa contratada. Deve ser adequado para entrevistas, coletivas ou não, encontro com jornalistas para distribuição de *briefing* do evento ou pauta do dia.

Condições básicas:

- Mesa de reuniões e cadeiras;
- computador, impressora;
- máquina copiadora;
- linhas telefônicas;

- material logístico e operacional (laudas, blocos, etc);
- *Press-kit* contendo matérias sobre o evento: fotos, programação, folhetos, nomes de convidados especiais, autoridades, palestrantes, etc);
- água e café.

2.3 MONTAGEM DE SALAS DE COMISSÕES TÉCNICAS

Salas para discussões, deliberação, votação e aprovação de determinados aspectos ou subtemas do evento;

devem ser montadas em estilo linear;

normalmente atuam: 01 presidente, 01 secretário, 01 relator e até 20 participantes.

Condições básicas:
- possuir um ramal telefônico, blocos e canetas, café e água.

2.4 MONTAGEM DE SALA DE SEGURANÇA

É a sala para a coordenação dos serviços de segurança.

Condições básicas:
- mesa; cadeira; telefone (sem ramais); café e água;
- infra-estrutura operacional que a empresa exigir;
- não é necessário se preocupar com armas de fogo ou brancas.

2.5 MONTAGEM DE SALA MÉDICA OU AMBULATÓRIO

- Deve ser montada com um ponto para entrada e saída de água – pia;

- deve possuir mesa, cadeira, café e água;
- o resto deve ficar por conta da empresa contratada;
- pode-se solicitar à Secretaria de Estado da Saúde ou às Secretarias de Saúde dos Municípios a presença de uma ambulância, por meio de um ofício, contendo todas as informações do evento.

2.6 - MONTAGEM DE CABINE DE SOM / LUZ / TRADUÇÕES

- A coordenação é feita por profissionais especializados;
- quanto às cabines de tradução, as empresas que locam os aparelhos especiais para recepção e transmissão da tradução montam cabines pré-moldadas, em tamanho ideal para cada tipo de evento.

3- APOIO LOGÍSTICO AO EVENTO

São todos os itens que permitirão a operacionalização do evento, fornecendo subsídios aos apoios administrativos de pessoal e externos.

São os equipamentos audiovisuais, elétricos e eletrônicos:

- aparelho de fac-símile (fax disc laser);
- fitas específicas (hino nacional);
- flip-chart, tala ou telão;
- linhas e aparelhos telefônicos;
- máquina copiadora;
- máquina de somar;
- microfones (capela, mesa e volante);
- painel decorativo;
- prismas de mesa;
- projetor de filmes;
- retroprojetor;

- processador de multimídia;
- televisão;
- aparelho de som e amplificadores;
- equipamento para efeitos especiais;
- música ambiente;
- gravador e fitas para gravação;
- aparelho de ar-condicionado;
- lâmpadas sobressalentes;
- lousa ou quadro branco;
- computador / impressora;
- painel para fotos;
- painel para recortes de jornais;
- projetor de slides;
- quadro de avisos;
- vídeo-cassete;
- DVD;
- fitas para gravação de vídeo;
- CD's;
- fio para extensão;
- fita adesiva; tesoura;
- avaliar a voltagem da sala / salão, dos aparelhos e testá-los;
- verificar a necessidade de assessoria da empresa concessionária de energia elétrica do local.

3.1 MATERIAS DIVERSOS DO APOIO LOGÍSTICO:

- Bandeira, mastro e ponteira;
- bandeja;

- canetas para assinatura de contratos / convênios, doações, posses, etc;
- cinzeiros;
- copos, jarras para água;
- corda divisória de ambiente;
- fita de inauguração;
- tesoura;
- jornais diários;
- livro de presença;
- pano para descerramento de placa inaugural;
- placa comemorativa;
- termos de contrato, convênios, etc;
- revistas e outros.

3.2 MATERIAL DE SECRETARIA

Deve ser feita uma listagem – *check list* – incluindo todo o material necessário.

Por exemplo:

Abecedário para divisão por nomes	Alfinetes de cabeça e de gancho
Almofada de carimbo e carimbo	Anais
Barbante	Bateria para celular
Bloco	Borracha
Calendário	Caixa de costura (básico)
Caixa de papelão (02 tamanhos)	Caixa de primeiros socorros
Canetas para transparências	Canetas esferográficas
Canetas hidrográficas	Carbono
Cartões de visitas	Cartolina
Corretivo líquido	Clips

ORGANIZAÇÃO DE EVENTOS

Cola	Crachás preenchidos e avulsos
Elástico	Envelopes avulsos
Envelopes para credenciamento	Etiquetas adesivas
Durex / fita crepe	Fio de nylon
Fita de máquina de escrever e somar	Fita corretiva para máquina de escrever
Formulários para computador	Fósforo
Furador de papéis	Grampeador e grampos
Guia da cidade	Lápis preto (de preferência nº 1 e 2)
Lista telefônica	Material de divulgação do evento
Material gráfico do evento	Papel acetato para transparências
Papel sulfite (tamanho A4)	Papel adesivo (*post-it*)
Produtos para higiene	Programa e regulamento
Régua	Relação de telefones / ramais do evento
Tachinhas	Talco
Tesoura	Tinta (cartucho) para impressora
Grampeador	Marca-texto
	Formulários necessários
	Cartuchos em geral

3.3 DECORAÇÃO DE AMBIENTE

Copos e jarras de água:

- copos de cristal e jarra de vidro ou cristal;
- o garçom deve servir por trás do participante e pelo lado direito de cada pessoa.

Toalhas para mesas:

- devem ser limpas, bonitas, passadas;
- cor clara, preferencialmente, cobrindo os pés das mesas.

3.4 FLORES

- Sem perfume – preferencialmente flores do campo, pois permitem combinações;
- arranjos baixos (mesa diretora); para almoços / jantares e festas;
- mesa de *buffet* – os arranjos podem ser altos, porém, podem atrapalhar a visualização da pessoa da frente;
- em corredores, nas colunas e à entrada do evento usar e abusar de arranjos, harmoniosamente.

3.5 BANNERS / FAIXAS / PAINÉIS

Informam e decoram o ambiente.

- Estes recursos devem ser colocados em locais de destaque como:
- á frente da mesa diretora ou atrás / acima dela;
- no salão do evento, à entrada, entre outros pertinentes.
- os dizeres devem ser claros e objetivos (sem piscar).

Flâmulas, bandeirolas de display têm a mesma função das faixas e painéis.

3.6 PRISMAS DE MESA

Servem para identificar nomes dos que irão compor a mesa diretora.

- Não é necessário colocar o título da pessoa;
- se todos forem da mesma empresa deve constar o nome do participante e seu cargo apenas;
- se as empresas forem diferentes, devem constar o nome da pessoa e da empresa / órgão;

- preencher as duas faces do prisma.

Servem, também, para identificar nomes à mesa de refeição em estilo à francesa, isto facilita e orienta o convidado; Colocar somente o nome da pessoa, dos dois lados.

3.7 LUZES

Não devem ofuscar os participantes.

Causam efeitos especiais e fornecem o brilho que levanta o evento. É importante avaliar este item com cuidado, pois o excesso ou a pouca iluminação podem prejudicar o sucesso do evento.

3.8 FITAS PARA DESENLACE E PANOS INAUGURAIS

- São utilizados em inaugurações;
- a fita serve como ato simbólico de abertura;
- o pano, para descerramento de placa inaugural;
- o pano deve ser de cetim, veludo ou seda – de qualquer cor ou desenho (não usar a bandeira do Brasil);
- prender com fita crepe, fita dupla face, tachinhas ou grampos, sobre a placa de inauguração, cobrindo-a totalmente. Observar, antes do iníicio do evento, se o recurso utilizado não se desprenderá com facilidade;
- fita para desenlace – mesmo padrão do pano inaugural.
- A fita deve ser presa na porta da entrada ou no portão do que se vai inaugurar;
- é mais fácil dar um laço no centro, com quantidade de pontas para o nº de pessoas que irá desenlaçá-la.

Sem laço: cortar com a tesoura (de prata, de preferência) que virá numa bandeja ou numa caixinha apropriada.

3.9 CORDÕES DE ISOLAMENTO

- Impede o fluxo de pessoas ou de veículos em locais indesejáveis.
- Podem ser colocados em área interna ou externa;
- para áreas internas usar cordas de seda e cavaletes envernizados, cromados ou de acrílico.
- Pode-se usar jarras de flores ou jardineiras;
- nas áreas externas usar material mais rude e à prova das mudanças climáticas.

3.10 PÚLPITO OU TRIBUNA

O nome púlpito é usado em cultos nas igrejas. Tribuna é mais usado em eventos profissionais e políticos. É o local onde o mestre de cerimônia apresenta o evento, também é usado por palestrantes ou oradores.

- Pode ser de madeira, acrílico ou outro material;
- pode conter logotipo da empresa ou evento;
- localização ideal: de preferência no canto esquerdo, dando-se as costas ao palco e à frente do plenário.

O ponto de luz para este local é imprescindível, principalmente quando houver tradução simultânea e uso de microfone.

3.11 PASSADEIRAS

- Utilizado para reverenciar algum convidado importante, cobrindo o percurso do(s) ilustre(s);
- Tradicionalmente são vermelhas, mas pode-se usar outra cor;

- Podem ser internas (central de plenário, igreja, etc.) ou externas, saindo do prédio e se dirigindo ao
- local do veículo do homenageado.

É bom avaliar e fazer um estudo do espaço para tal.

3.12 PASSARELA / PALCO OU TABLADO

Passarela: usada por manequins/modelo. É feita de madeira, coberta com tapete (carpete) e possui 60 a 80 cm de altura.

Palco: usado para apresentação de shows. Deve ser alto para boa visibilidade do evento, acima de 1m de altura.

Tablado: estrado de 30 a 50cm destinado a elevar a mesa diretora do nível de audiência. Cobrir com tapete, com espaço suficiente para colocação das mesas, cadeiras e circulação dos convidados, evitando que alguém caia do tablado ao levantar-se para pronunciamentos.

3.13 CINZEIROS

É bom ter disponível na área de fumantes, pois pode ocorrer de algum convidado acender um cigarro.

3.14 TOLDOS E GUARDA-CHUVAS

Decoração com toldos, além de bonita, previne contra mau tempo;

os guarda-chuvas devem ter o logotipo do evento ou da empresa do evento. Seguir o layout estudado para cada evento.

4- APOIO DE PESSOAL (TERCEIRIZADOS)

A coordenação de pessoal contrata os profissionais necessários para atuação no evento.

- Usar uniformes;
- Os profissinais devem ser treinados pela coordenação, tanto interno da promotora, quanto externo;

- fornecer orientação e esclarecimentos;
- não deixá-los soltos e afastados;
- preparar contrato de prestação de serviços;
- Para contratar terceirizados, necessita-se:

   tomada de preço

   análise qualitativa

   pagamento mediante nota fiscal / recibo

Empresa especializada deve obedecer as cláusulas do contrato que em geral é feito da seguinte forma:

a) 30% no ato de assinatura do contrato;

b) 30% um mês antes do evento;

c) 40% após o evento, na entrega do relatório final.

d) outras formas: 50% + 50%. Verifique o preço de mercado; fazer contrato de prestação de serviços e segui-lo à risca.

e) em eventos menores os pagamentos aos terceirizados podem ser feitos após o evento.

5- APOIO EXTERNO

São apoios recebidos através de:

- apoio, colaboração, participação;
- co-participação, parcerias e patrocínios.

Para o aeroporto, as recepcionistas necessitam de:

- treinamento, uniforme, crachá com informações precisas aos participantes, além de resolver problemas e dificuldades do mesmo;   devem dominar mais de um idioma;
- Ter em mãos as placas de identificação com nome do visitante ou participante;

- portar listagem de todos que chegam ou saem do evento, planilha com números e local dos vôos,
- ficha telefônica, celular, cheque, dinheiro;   relação dos hotéis (com endereço) dos convidados;
- kit com folhetos sobre o evento e brindes, se for o caso; Folhetos com informações turísticas e históricas da cidade, restaurantes, pronto-socorro, polícia, bombeiro, farmácia, nomes e telefones dos organizadores do evento.

Boa aparência, elegância e distinção.

5.1 HOTEL - ATRIBUIÇÕES:

- Receber os visitantes e alojá-los;
- providenciar o envio de bagagem ao apartamento;
- resolver imprevistos, informar tudo sobre o evento.
- Deve-se disponibilizar: balcão ou mesa de informações identificáveis, relação dos hóspedes,
- programação noturna, entre outras informações.

5.2 SOCIAL - ATRIBUIÇÕES:

- Conhecer a programação social e saber das informações turísticas, percursos, etc.;
- conhecer os equipamentos do ônibus;
- usar trajes, calçados e complementos adequados;
- cuidar da aparência, sem exagero;
- não fumar em locais não permitidos e nem beber em excesso;
- cuidar dos participantes em todos os sentidos.

Observar a postura adequada e profissional do acompanhante aos visitantes para colaborar com a imagem favorável que os visitantes terão do evento.

5.3 TRANSPORTE

Providenciar vários ônibus, e estes devem ser identificados com número ou mesmo com sua placa (que deve ser fornecida aos participantes).

Todos devem ter as mesmas informações.

5.4 ATRIBUIÇÕES DA EMPRESA DE TRANSPORTES

- Providenciar o credenciamento dos transportes;
- conhecer a equipe dos transportes;
- para providenciar veículos fora do esquema de programação, se necessário.

5.5 ATRIBUIÇÕES DA COORDENAÇÃO DOS TRANSPORTES:

- Credenciamento dos participantes;
- programação dos horários dos transportes para os eventos em quadro de avisos;
- providenciarr caixa de pronto-socorro;
- conhecer os procedimentos de primeiros-socorros;
- telefone da empresa de transporte para eventualidades;
- telefone de socorro de guinchos, etc.;

Apresentar postura excelente postura, boa dicção, vocabulário e expressão corporal e comprometimento com o trabalho.

5.6 SEGURANÇA – ATRIBUIÇÕES:

- Experiência no ramo;
- referência profissional da empresa;
- Conhecer o esquema de trabalho;
- Participar de reuniões para avaliações;
- Assinar contrato definindo deveres e responsabilidades.

Segurança individual: pessoas devidamente treinadas, com disciplina e ordem de comando própria;

Informar, objetivamente, o que a segurança necessita, de informações, para otimizar o seu trabalho.

Segurança de estacionamento: contratar empresa especializada que ofereça também serviço de manobristas ou manobreiros (os dois nomes são corretos);

Segurança de trânsito: deve ser solicitado à Companhia de Engenharia de Tráfego ou órgão com as mesmas atribuições. Enviar o pedido 30 dias antes do evento;

Segurança de gala: quando o evento tiver a presença de chefes de Estado ou autoridade deste nível deve-se solicitar o destacamento de elite das Polícias Militares e das Forças Armadas, com uniformes determinados pelo regulamento de cada corporação. Enviar o pedido 30 dias antes do evento;

Segurança contra fogo: eventos de grande porte e em locais com concentração de público e material (exemplo: pavilhão de feiras e exposições, shows, auditórios, campos de futebol) pedem uma segurança específica contra incêndios e outros sinistros. Deve ser solicitado ao Quartel Central do Corpo de Bombeiros, com 30 dias de antecedência.

Observação - Coloca-se segurança em evento quando houver:

- concentração de público;
- autoridades de primeiro escalão;
- exposição de produtos de grande valor;
- crianças e adolescentes;
- eventos de rua.

5.7 MANOBREIRO/MANOBRISTA

O serviço de manobreiro é recomendado quando se deseja oferecer aos participantes do evento:

- segurança, comodidade e facilidade.

Recomendações: experiência, referências seguro de acidentes, roubos, contrato definindo todos os deveres, direitos e responsabilidades deste profissional que deve possuir: postura profissional desenvolvida com responsabilidade.

6- TRADUÇÃO SIMULTÂNEA E TRADUÇÃO CONSECUTIVA

6.1 TRADUÇÃO SIMULTÂNEA

É feita por intérpretes, geralmente dois para cada idioma, que trabalham em regime de revezamento.

As mensagens são transmitidas aos participantes, simultaneamente à fala do conferencista, por meio de fones transmissores e receptores.

Em eventos de caráter internacional, com delegações de outros países, há necessidade de tradução simultânea, que pode ser:

* português / mais um idioma e versão;

* português / outros idiomas e versão

O primeiro caso exige a montagem de uma cabine de transmissão e o segundo de várias cabines, tantas quantas forem o número de idiomas a serem traduzidos.

6.2 TRADUÇÃO CONSECUTIVA

Difere operacionalmente da simultânea. Não exige cabines e fones transmissores e receptores.

- É feita por um tradutor a partir das frases pronunciadas pelo palestrante;
- É mais cansativa para o público e "perigosa" para o apresentador que necessita interromper periodicamente seu pensamento para a tradução;
- É aconselhável, portanto, para pequenos pronunciamentos, como boas-vindas, almoços, jantares, etc.

Capítulo 2

Impasses para se organizar um evento

Embora sejam inúmeras as dificuldades para organizar eventos, encontram-se, a seguir, alguns cuidados para servir de alerta aos promotores de eventos na fase do pré e durante a execução do evento propriamente dito:

QUANTIDADE DE PESSOAS

Determinar o real número de pessoas é um dos maiores problemas a serem avaliados pelo organizador:

- uma das mais conflitantes situações, comum em eventos, é o organizador subestimar o real número de convidados, convidando mil pessoas, acreditando que só irão comparecer setecentas. E o pior; organizar uma infra-estrutura para setecentas pessoas e, na realidade, mil comparecerem ao evento;
- o planejamento em cima do real número de pessoas esperadas, gera dificuldade;
- alguns convidados, após informarem impossibilidade de comparecer, terminam por ir ao evento;
- já outros confirmam a presença e não comparecem no dia;
- outra situação são os convidados dos convidados, que comparecem acreditando que, onde entram dois, entram três ou quatro, sem diferença alguma.

Todos os convidados só deverão ser contatados após elaborada a planilha de custos previsíveis.

Não existe varinha mágica para mudar esta dificuldade, porém, com disciplina e um planejamento do real controle de como as atividades irão ocorrer, pode-se eliminar, com certeza, pelo menos oitenta por cento do problema.

Por exemplo: Se o evento é com lugar marcado, um jantar à francesa ou banquete, é imprescindível que alguém da comissão organizadora fique permanentemente ao telefone, tentando confirmar a presença dos convidados, sem desistir. Imaginar que o convidado tem o mesmo discernimento da necessidade da comissão organizadora é acreditar no previsível. Durante todo o tempo da preparação do evento, deve-se estar bem atento ao que pode ou não acontecer.

MENU

A escolha do cardápio deve ser bem estudada, em função:

- da avaliação do número de convidados, devendo-se acrescentar uma quantidade extra de alimentos e bebidas de dez a vinte por cento;
- da análise dos convidados: influências regionais ou de origem, idosos, crianças, vegetarianos, religiosos, preconceitos etc;
- do horário a ser servido como, por exemplo, não oferecer feijoada à noite, por ser um alimento pesado;
- do tipo de serviço, que deve estar de acordo com o espaço físico, se à francesa, à inglesa, à americana, *self-service* ou banquete;
- do mobiliário adequado: conforto do convidado X número de pessoas X espaço físico;
- da quantidade de garçons ou garçonetes, de acordo com o tipo de serviço escolhido;

A opinião favorável dos convidados sobre o evento, sua duração e o local é o foco principal do anfitrião.

ADEQUAÇÃO DO VESTUÁRIO AO EVENTO

É comum, em algumas ocasiões, não se dar importância ao assunto **vestir de acordo com a ocasião**. Há até quem diga: "Quem gosta de mim deve me receber como eu sou e não como estou". Atitude errada. Em todas as ocasiões, durante o dia ou à noite, devemos nos vestir de acordo com o evento. Eis alguns aspectos a serem levados em consideração:

- quem determina o traje é o anfitrião, tanto para eventos sociais como profissionais, esportivos ou culturais;
- o traje é determinado de acordo com o tipo de evento, seu objetivo, tipo de serviço, local, clima da região e, principalmente, horário da cerimônia;
- todos estes quesitos devem ser avaliados em conjunto, não separadamente. Mesmo que o traje não esteja determinado no convite, a escolha deve levar em consideração os aspectos citados acima;
- em caso de dúvida, é adequado ligar para o local do evento e perguntar qual é o traje; esta atitude é preferível, pois demonstra interesse, prestigiando os anfitriões;
- no convite, deve-se procurar sempre colocar o tipo de traje, pois o discernimento e o óbvio nem sempre ocorrem;
- hoje em dia, é comum o aluguel de roupas, o que facilita a assertividade;
- ao lidar com pessoas, relacionamo-nos com a linguagem comum a todos – a comunicação. Quanto mais informadas, mais as pessoas se comportam adequadamente. O importante é que o convidado se sinta bem no evento, comportando-se como o previsto pelos anfitriões.

LOCAL ADEQUADO PARA O EVENTO

O local é o cartão de visita, é a imagem e semelhança do anfitrião. Com certeza, cada vez que se lembrar do local vai lembrar-se, também, do anfitrião.

O ANFITRIÃO é quem convida, mas o clube, o hotel, o estado ou o país e a empresa promotora formam o conceito de ANFITRIÃO. Por isso, é importante que a escolha adequada do local contemple alguns aspectos:

- escolha do local X número de pessoas convidadas;
- organização do local de acordo com a cerimônia, mobiliário e sua distribuição em consonância com a disponibilidade de acesso e locomoção;
- ventilação do ambiente;
- acústica, iluminação e decoração apropriadas ao número de pessoas e ao tipo de cerimônia;
- facilidade de acesso ao local pelos convidados (lembrar de mapear o local no convite, caso seja de difícil acesso);
- sinalização do interior do local, como: restaurante, toalete, secretaria, sala de imprensa, sala VIP, auditório etc, e do exterior, como: faixas, galhardetes ou estandartes, setas indicativas, enfim, tudo para facilitar o trânsito dos convidados e participantes do evento;
- ao se escolher o local, deve-se visitar, no mínimo, cinco lugares, ficando com o que ofereça o melhor ambiente para atingir os objetivos do evento;
- o local adequado ao evento é aquele que leva em conta a responsabilidade com o conforto, tranquilidade e segurança dos convidados.

Toda vez que, em uma avaliação, o quesito ÉTICA estiver em primeiro lugar, mais se acertará na definição do local do evento, preservando a boa imagem do promotor.

CUMPRIMENTO DA PROGRAMAÇÃO PRÉ-ESTABELECIDA

A questão ÉTICA, mais uma vez, é ressaltada. Uma programação bem pensada, detalhada e divulgada é um compromisso.

Algumas observações para serem analisadas ao se estabelecer a programação de um evento:

- o termo programa - o conteúdo a ser realizado ou apresentado - é diferente de programação – mais completo, contendo as informações pertinentes ao evento.

Como exemplo, num seminário, pode-se apresentar aos interessados no pré-evento somente o programa dos temas a serem abordados pelos palestrantes, o conteúdo, a carga horária e o nome do conferencista. Já na programação apresentam-se as informações complementares:

- conteúdos dos temas a serem abordados, cargas horárias, palestrantes, dias, horários e as salas onde irão ocorrer as palestras;
- atividades paralelas, como exposições, e atividades de lazer, turísticas e de entretenimento;
- premiações, concursos, preços das inscrições, indicações de hotéis ou pousadas, formas de pagamento, patrocinador, apoio, empresa promotora e quem transporta com menor custo os participantes de outros estados ou países, entre outros aspectos importantes da programação;
- toda a programação do evento precisa ser cumprida. É possível alterá-la, adaptá-la ou fazer ajustes, modificar as atividades, adequando às necessidades ou dificulda-

des. Todavia, é imprescindível comunicar as mudanças aos convidados ou participantes, justificando-as, preferencialmente, em tempo hábil, mostrando, assim, respeito aos que compraram a ideia do evento.

A programação é definida de acordo com a realidade do evento, além do:

- espaço físico, número de pessoas, duração e horário;
- objetivo do evento, o valor dos serviços a serem prestados, a metodologia ou dinâmica a ser usada;
- condutor do evento, empresa promotora, patrocínio e apoios recebidos.

Enfim, quem "compra" a ideia de participar em um evento, está comprando sua programação. É desagradável para a imagem da promotora não cumprir o estabelecido.

Não se admite, por exemplo, convidar as pessoas para um casamento, iniciar a cerimônia religiosa às dezenove horas e servir o jantar às três horas da manhã, com a desculpa de que, após a refeição, os convidados irão se retirar. Os convidados desejam, sim, participar da cerimônia, cumprimentar os noivos, aproveitar a festa e ir para casa, felizes por terem estado no evento!

AGRADAR A TODOS

Não é fácil agradar a todos, mas pode-se tentar diminuir ao máximo todo e qualquer ruído, mal estar ou descontentamento. É importante avaliar previamente o que poderá deixar alguém constrangido, causando uma situação desagradável. Para isso, deve-se analisar e responder alguns aspectos:

- quem são os convidados, suas origens e interesses?
- qual o seu grau de conhecimento, de experiências e atividades afins?

- os convidados já se conhecem? Têm vínculo de trabalho ou de outra atividade?
- é possível trabalhar alguma dinâmica de interação entre eles?
- somente os anfitriões conseguirão dar atenção a todos os convidados ou seria preciso contratar um cerimonialista, recepcionista ou, até mesmo, alguém da família para auxiliar na recepção?
- se uma ou mais pessoas não se dão bem, já existe alguma animosidade, o que fazer para deixá-las a vontade, participando do mesmo momento sem ferir ou avançar espaços comuns?

Enfim, ao responder estas questões, entre outras, estaremos bem próximos de agradar, de eliminar ou diminuir, consideravelmente, situações desagradáveis e imperdoáveis.

CONCILIAÇÃO DE AGENDA DE CONVIDADOS ESPECIAIS, POLÍTICOS E AUTORIDADES

Ao convidar pessoas que possuem muitos compromissos, como convidados especiais, políticos e autoridades, deve-se avaliar previamente a data do evento, conciliando-a com os compromissos deles.

Porém, nem sempre se consegue conciliar, mas, conforme a situação, é pertinente pensar em um representante à altura do representado, verificando se poderá falar pelo mesmo, no caso de discurso, ou se apenas o representará sem determinação de algum papel a cumprir na mesa diretora ou no evento em geral.

CONTROLE GERAL DA SITUAÇÃO

Essa dificuldade pode ser evitada com um bom pré-planejamento, programação e controle. Há uma frase importante em organização de eventos e cerimônias que diz: "EM CERIMONIAL NADA SE PODE SUPOR, TUDO TEM QUE SE PREVER".

Todo o evento tem de ser analisado: e se der isto?..., e se ocorrer aquilo?..., e se não for assim?.... Enfim, cada ação necessitará de uma solução, de um controle previsível.

Ao se encontrar as respostas para os SE, encontra-se o COMO controlar o evento, determinando-se responsabilidades para cada integrante da comissão organizadora.

É necessário ensaiar mais de uma vez cada atividade planejada. O ensaio traz a oportunidade de responder o SE (situações imprevistas), prepara para o incontrolável. Lutar com o inesperado é preparar-se com mais segurança.

A comissão organizadora precisa falar a mesma linguagem do evento. Os convidados não sabem o que e como se planejou cada atividade. Mas a equipe sim, ela avaliou cada detalhe, cada possibilidade de erro e de acerto, cada imprevisto e o que poderia vir a ser INCONTROLÁVEL. O ensaio é imprescindível antes do evento.

Infelizmente, em ocasiões, há surpresas como acontecimentos tristes, tragédias e resultados alarmantes, por falta de visão dos organizadores, situações que, se melhor pensadas, poderiam ter sido previstas. É o caso de estádios de futebol, com arquibancadas despencando, grades que se soltam, provocando pisoteamentos, ferimentos, situações graves que poderiam ser evitadas, entre outras situações que ocorrem em diversos tipos de evento.

Para todo e qualquer tipo de evento pode ser planejado um CONTROLE GERAL para as atividades, pensando, avaliando e determinando: O QUE, COMO, QUANDO e QUEM FAZ cada situação e atividade planejada.

PONTUALIDADE

Esta é, de modo geral, a dificuldade do ser humano – CUMPRIR HORÁRIO. O principal motivo relaciona-se à falta de planejamento dos diversos compromissos que cada um assume. Com o primeiro compromisso atrasado, os demais atrasam em cadeia.

O segundo motivo dos atrasos relaciona-se ao comprometimento com mais atividades do que se pode cumprir.

O terceiro encontra-se na dificuldade que se tem em dizer NÃO.

O planejamento das atividades deve ser cumprido. É preciso estar atento às dificuldades, aos atropelos, aos que tentam bloquear o planejamento, limitando o cumprimento dos compromissos assumidos. Dizer NÃO significa iniciar uma negociação com quem o está provocando.

Finalizando, é falta de ÉTICA COMERCIAL E PROFISSIONAL fazer os outros esperarem demasiadamente. É, também, falta de atenção para com quem espera, além de criar uma imagem negativa da pessoa.

É impossível agradar a todos? É quase impossível! Para minimizar este aspecto deve-se fazer um completo diagnóstico de toda a situação do evento. Ao prever os prós e os contras, consegue-se chegar bem próximo do AGRADAR. É preciso trabalhar os interesses comuns. Se a "fantasia" é ligada ao motivo do evento, está-se apto a alcançar o inconsciente coletivo.

CUMPRIMENTO DE EXIGÊNCIAS

Observa-se em certas pessoas a dificuldade para cumprir exigências. Dizem que isto ou aquilo é bobagem, que não cumprirão a "cobrança", a regra, que vão se esquecer em meio à multidão, que não dará tempo... Enfim, estas e outras frases são desculpas para o pouco caso que se dá às exigências. Seguem alguns exemplos apontados em eventos:

Apresentação do Convite: alguns convidados estão certos que na portaria do evento não se exigirá o convite; outros dizem fazer parte da família do convidado ou que trabalham ao lado dele e, por acaso, esqueceram o convite. Seja este ou aquele motivo, ao exigir o convite ou bilhete etc. deve-se usar critérios de cobrança e não abrir mão deles, sob risco de perder credibilidade e seriedade;

Sentar em Lugar Marcado: certas pessoas acham que tanto faz sentar aqui ou ali, mesmo correndo o risco de sentar em um lugar com nome marcado. Um evento com lugar marcado é um acontecimento dos mais sérios. Normalmente não ocorrem substituições na hora; se houver, são solicitadas antecipadamente. Em alguns eventos, inclusive, não é possível representatividade. Não se deve insistir com relação a isto. O procedimento correto é ligar antes do dia marcado e perguntar da possibilidade de substituir o convidado; no dia programado não é de bom tom. A programação de evento formal é montada para as pessoas convidadas e confirmadas previamente.

No caso de um convidado não chegar no horário previsto para o evento, a comissão organizadora deve retirar seu nome do local marcado, antes do início, evitando o constrangimento dos demais convidados. Assim, caso o atrasado chegue após o início, a solução se torna mais simples. A comissão organizadora pedirá licença aos demais, colocando a placa com o nome do recém chegado à mesa no local previsto. O garçom ou *maitre* recolocará os pertences da mesa retirados anteriormente e conduzirá o convidado ao seu lugar. De qualquer modo, é uma situação desagradável, portanto quem atrasa em eventos formais nem deve ir. Caso, porém, resolva ir, deve tentar ser o mais discreto possível. A discrição precisa ser, principalmente, da comissão organizadora, procedendo de forma a chamar menos atenção possível dos convidados.

MÃO-DE-OBRA QUALIFICADA

É um dos mais sérios problemas da comissão organizadora ou empresa promotora do evento. Profissionais qualificados comprometidos com o evento não se encontram facilmente. É necessária rigorosa seleção destes profissionais, verificando experiências anteriores, checando as informações dos entrevistados, enfim, criando um sistema de avaliação permanente da equipe.

PONTUALIDADE DAS AUTORIDADES

Pessoas compromissadas com os cargos e pastas que ocupam, normalmente têm dificuldade para cumprir horários. A forma de contornar esta situação é criar uma atividade com os participantes e convidados enquanto aguardam a autoridade. A comissão organizadora, entretanto, se cercará dos contatos com a autoridade pelos: celular, fax, telefone, e-mail, acompanhando a chegada do convidado. Este procedimento facilita a tomada de decisão, encontrando-se alternativas que minimizem a falta ou atraso do convidado na programação do evento.

CULTURA PATERNALISTA

Substituir profissionalismo e competência por amizade e parentesco, é ir de encontro ao paternalismo, ao protecionismo. É prejudicar a qualidade.

Deve-se levar em consideração, ao programar um evento, que a empresa promotora ou o organizador possui uma ideia exata do que quer, ou seja, seus objetivos e metas. A noção das possibilidades e potencialidades, com certeza, formará uma barreira intransponível a essa ideia da cultura paternalista.

É preciso competência e experiência no ramo. O promotor é o responsável pela ideia do evento e, em consequência, por todos os participantes. O paternalismo é o contrário, traz resultados negativos à sua imagem, dos patrocinadores e empresas que o apóiam, entre outros.

EXCESSO DE PODER - AUTORITARISMO - ESTRELISMO

Sentir-se acima dos outros, inatingível e usar a força, o poder, o estrelismo, demonstrando autoritarismo com a equipe interna, com os terceirizados, fornecedores e parceiros, são aspectos psicológicos que afastam as pessoas. As relações podem ocorrer no momento mas, num futuro próximo, acabarão falando a linguagem do EU sozinho ou atrapalharão as relações interpessoais e comerciais. Além disso, os possuidores deste comportamento causam "medo", inibem a comunicação interferindo, inclusive, nos prazos fixados no cronograma. A época do "CHEFE ZANGADO" terminou. Hoje, existe o líder dividindo decisões, pedindo opinião da equipe, escutando seus parceiros e dividindo tarefas, ou seja, fazendo parte do grupo.

CUSTOS INVIÁVEIS

Significam não ter havido cotação de preços. É preciso levantar, no mínimo, cinco preços de cada atividade planejada que requer custos. Ao comparar os custos deve-se verificar, também, qual deles oferece as melhores condições dos serviços. Não se deve olhar apenas os valores, pois pode-se ganhar no custo, mas perder na qualidade. Não é tão simples quanto parece!

Vários quesitos fazem parte da tomada de decisão, como: experiência na prestação dos serviços, espaço e infra-estrutura adequada ao evento, conforto dos convidados e participantes, facilidade de acesso e, principalmente, valor total versus condições de pagamento. Por isso, quanto mais custos forem levantados, além de uma planilha de comparação dos serviços, melhor será a decisão tomada pela comissão organizadora.

CUMPRIMENTO DE PRAZOS

Outra dificuldade é o cumprimento de prazos, tanto internos, nas tarefas de cada membro da comissão organizadora, como, principalmente, nas tarefas dos terceirizados.

O planejamento geral do evento determinará tempos flexíveis no cronograma de atividades. Os terceirizados, normalmente, se comprometem com outros eventos, o mesmo acontecendo com fornecedores e clientes, ficando o prazo prejudicado se não houver espaço de tempo flexível.

Vamos avaliar alguns aspectos que costumam trazer mais transtornos à comissão:

Mala Direta – é preciso uma análise bem cuidadosa junto ao calendário, para o envio da mala direta, que pode ocorrer mais de uma vez, conforme a complexidade e abrangência do evento. Ela deve ser bem precisa e direcionada. Hoje, o envio via Correio ficou bem mais reduzido em função da existência do correio eletrônico. Contudo, esta utilização tem o mesmo "peso" e medida que a enviada pelo Correio. A precisão do endereçamento assim como o prazo determinado para o envio devem ser verificados, pois, apesar de sua eficácia ser maior pela rapidez, a preocupação deverá ser a mesma.

Divulgação – jornais, revistas, *releases*, cartazes etc, fazem parte de um plano de mídia que deve ser entregue a uma empresa experiente em promoção e marketing;

Gráfica – a confecção e impressão do material deve ficar a cargo de uma empresa experiente e séria no mercado, preferencialmente habituada a trabalhar para organizadores e promotores de eventos. O prazo de entrega para a confecção gráfica precisa ser avaliado, iniciando com folga para efeito de avaliação dos produtos, remodelagem e, se preciso for, uma nova confecção. Quanto maior a folga, melhor o resultado na qualidade e satisfação da promotora.

VIABILIDADE NA ORGANIZAÇÃO DE EVENTO

O tempo hábil para planejar, organizar, avaliar, controlar e executar o evento vai depender exclusivamente da ANÁLISE SITUACIONAL ou DIAGNÓSTICO DA REALIDADE DO EVENTO. Esta análise deverá abranger aspectos importantes na montagem geral. Quanto mais quesitos avaliados, pensados e idealizados, maior a certeza dos acertos, das providências, da responsabilidade da equipe e do tempo hábil para o início, meio e fim.

A data ou período do evento deve ser fixado a partir da consciência da disponibilidade da equipe como, também, de todos envolvidos externamente, convidados especiais, políticos, autoridades e do tempo para confecção dos convites, das montagens, dos contatos, contratações e negociações. Achar que o mês de setembro, por exemplo, é o indicado para realizar o evento por ser a estação das flores, a primavera, não quer dizer que deverá ser em setembro, a menos que se inicie o plano geral de ação em maio e dependendo de sua abrangência. Um diagnóstico bem detalhado e profissional, com certeza, auxiliará na avaliação da viabilidade para organizar evento, com o cumprimento dos prazos e metas estabelecidos.

COMPROMETIMENTO NO EVENTO

COMISSÃO ORGANIZADORA – formada por profissionais experientes, dispostos a se dedicarem ao evento, comparado a um bebê, que precisa de cuidados e atenção vinte e quatro horas por dia. Quanto maior a atenção, maior o comprometimento. Todos precisam falar a mesma linguagem e se dedicarem em igual proporção. Com certeza serão mínimas as dificuldades que porventura apareçam;

PATROCÍNIO, APOIO, COLABORADORES, PARCEIROS – se a comissão organizadora estiver bem entrosada e envolvida, os patrocínios, apoios, colaborações e parceiros também estarão. Havendo controle, planejamento e profissionalismo haverá COMPROMETIMENTO. Onde há crença, credibilidade na equipe e clareza de objetivos, metas e prazos há COMPROMETIMENTO. É a comissão organizadora que dá o TOM. Os demais se comprometem também, motivados pelo entusiasmo, pela seriedade e, principalmente, pela definição de papéis e pelo controle das atividades programadas, definidas e acompanhadas passo-a-passo.

SENTIMENTO DE EQUIPE – A construção do NÓS inicia-se pela comissão ou promotora do evento. Desde a ideia embrionária até os primeiros passos para a organização, a equipe deve estar junta, coesa, pensando, analisando, modificando, enfim, construindo a união de ideias, de processos, de interesses comuns, de projetos e de ideais.

Quando esta construção é sedimentada fortemente, o resto é propagar: UNIÃO e COMUNHÃO DE POSTURA E DE POSICIONAMENTO, diante dos fatos e das circunstâncias. Por incrível que pareça, esta postura pega. O resto é partir para o abraço no final do evento.

COMISSÃO ORGANIZADORA INTEGRADA COM O CERIMONIAL

A exposição anterior serve para este tópico, guardadas as proporções. Em alguns casos, a equipe do cerimonial é contratada quase no final da organização do evento, depende, é lógico, do tipo e da abrangência dele. A **Observação** ilustra uma dificuldade de entrosamento quando as equipes não estão juntas desde o início.

A equipe do cerimonial, de modo geral, detém os conhecimentos específicos para a preparação da cerimônia, onde os cuidados especiais precisam ser redobrados e multiplicados.

A comissão organizadora vem, desde o início do evento, discutindo, avaliando, alterando os planos, contatando pessoas, contratando profissionais, assumindo múltiplas responsabilidades.

No momento de organizar a cerimônia, se as equipes não estiveram juntas, desde o início, poderá haver divisões de forças, não evoluindo uma linguagem comum.

É imprescindível à comissão organizadora não partir para a execução das atividades do cerimonial sem entrosamento, uma dinâmica de aproximação entre as equipes. Este mal-estar poderá trazer consequências desagradáveis. Não esquecer que o evento é como um bebê que precisa da atenção especial de TODOS.

RECEPÇÃO E SERVIÇOS AOS PARTICIPANTES

A *recepção* de um evento é um fator de serviço. Em função deste aspecto, alguns procedimentos importantes precisam ser ressaltados, tais como:

- é muito importante possuir um esquema definido para a recepção ao participante, aos convidados, às autoridades, assim como aos expositores, patrocinadores e apoios recebidos;
- a *recepção* é o primeiro momento de contato com o "clima" do evento;
- o "clima" do evento passa a ser, então, o cartão de visita do evento;
- a demonstração de atenção e respeito aos participantes pode ocorrer: nos aeroportos, nas estações rodoviárias ou ferroviárias, nos hotéis, portos ou no local de realização do acontecimento;
- para cada um destes locais, poderá ser preparado um esquema diferente e acolhedor, de acordo com as características do ambiente, com o cargo e a posição do convidado no evento, ou com o tipo de pessoa que será recebida (hábitos, usos e costumes, por exemplo).

Atitudes importantes para ao receber os convidados ou participantes do evento:

- alegria, satisfação e profissionalismo;
- preocupação com sua permanência na cidade e/ou no evento;
- preocupação com alimentação, saúde física e mental, conforto, lazer e segurança de um modo geral;
- informações quanto aos cuidados especiais que deverão ter na cidade, no evento, assim como sobre toda a programação do evento;
- informações sobre como se dará o deslocamento dos convidados na cidade durante a permanência até o regresso, ao término do evento;
- fornecer outras informações que contribuam para orientar e situar convidados ou participantes quanto a tudo o que estiver direta ou indiretamente relacionado a eles.

Ao receber, no aeroporto ou em outro local, autoridades, convidados especiais, homenageados ou conferencistas/palestrantes, não se deve enviar somente o motorista; junto a ele deverá haver alguém da comissão organizadora no papel de anfitrião. E, dependendo do grau de importância da pessoa a ser recebida, o presidente do evento deverá assumir este papel.

Quem ficar com a incumbência de recepcionar os convidados, precisará ser treinado quanto à etiqueta protocolar, como se comportar, como deverão ser as iniciativas para os cumprimentos e apresentações, o que será necessário perguntar e informar, sem esquecer que esse momento é o primeiro contato do recebido com o "clima" do evento.

Se o número de participante for considerável, deve-se providenciar um ônibus para os deslocamentos do aeroporto, rodoviária ou ferroviária, além do hotel ou local onde será realizado o evento.

Um rigoroso cumprimento de horário deverá ser previsto. Não se deve fazer alguém que está sendo recebido esperar por aquele que vai fazer as honras da casa, ou seja, o anfitrião.

É simpático e cortês recepcionar os convidados da seguinte forma:

- com brindes, camisetas, bonés ou *botton* do evento;
- com faixa de boas vindas, uma rosa ou um cravo, entre outras ideias pertinentes, tanto no aeroporto como no local de realização do evento.

É importante avisar a todos os participantes, previamente, sobre o clima previsto para a data, o vestuário em geral, assim como o que terão direito a utilizar quanto: à diária, à alimentação, à participação no evento como um todo, evidentemente, e outros aspectos importantes que os convidados / participantes tenham que tomar conhecimento.

ROTEIRO BÁSICO PARA A RECEPÇÃO DE EVENTOS

Data da Execução do Evento

Para que a recepção seja perfeita, deve-se tomar todas as precauções, com relação à determinação da data ou do período do evento. É preciso analisar bem, observando-se, por exemplo, o contexto geográfico, nacional e/ou internacional, por causa do deslocamento dos participantes.

Acontecendo mais de um evento importante e de grande porte na mesma cidade, a procura por passagens aéreas, hospedagens em hotéis ou pousadas, restaurantes, bares, serviços de táxi, entre outros, aumenta consideravelmente.

Outro fator importante é observar eventos e datas coincidindo com o mesmo tipo de assunto ou similar.

Observar os feriados ou possível enforcamento de datas junto a eles.

Avaliar eventos escolares, cívicos ou religiosos ocorrendo, assim como férias escolares, carnaval, semana da páscoa, dias das mães ou dos pais, entre outras comemorações importantes.

Temário do Evento

Temário é o termo relacionado aos assuntos que serão tratados, ou seja, o objetivo para o evento vir a acontecer. É preciso ser desenvolvido com a equipe técnica, observando-se a clareza, a antecedência com que se está divulgando, a atualidade do assunto, a pertinência do tema nessa ocasião e, principalmente, se está dentro da realidade e do interesse do público-alvo.

Todos os aspectos importantes e chamativos devem fazer parte do temário.

O temário é um forte formador de opiniões, que desperta interesse dos participantes que fazem parte do público-alvo, contribuindo para a entrada de recursos financeiros na empresa promotora do evento.

Propaganda do Evento

É a comunicação do evento, por meio da compra de espaços em jornais, revistas, *outdoor*, folhetins, anúncios em geral.

É pela propaganda que o evento será divulgado, vendido e propagado, sensibilizando a todos os interessados.

Notícias sobre o Evento

É a comunicação por intermédio de publicação gratuita em jornais e revistas. Ela é curta, direta e objetiva, visando apenas informar sobre o evento, despertando o interesse do público em geral.

Calendário

O calendário deve contemplar toda a programação do evento, com a distribuição de datas, horários, atividades, responsabilidades, local, atividades sociais, turísticas e de lazer.

Ao mesmo tempo, o calendário visa apresentar o evento ao público-alvo, informando:

- o título do evento;
- as datas, distribuídas no tempo e espaço;
- o estado onde será realizado;
- o local de realização, se em hotel, centro de convenções ou outros;
- a empresa promotora, (quem realiza o evento);
- os patrocínios, apoios e colaboração recebidos;
- ... entre outros aspectos, também importantes.

É necessário criatividade para apresentar tudo isto, usando de clareza, objetividade e, principalmente, com custos reduzidos.

É preciso observar, principalmente, a lógica, a sequência atribuída a cada assunto e atividades.

A exatidão nas informações também é fruto de despertar interesse, pois a definição de toda a programação e do tempo concedido a cada assunto, prevendo-se limites de tolerância, conscientiza os participantes quanto às suas disponibilidades.

É desagradável para o público-alvo verificar que, por exemplo, dois assuntos de grande importância e relevância estão programados para o mesmo dia e hora, mas em salas diferentes.

Na maioria das vezes, é possível para a equipe técnica prever estes conflitos e procurar não programar dois "pesos" consideráveis na mesma hora. Por isso, a organização da programação temática precisará ser bem criteriosa.

Esforços de Vendas ou Obtenção de Recursos Financeiros

Vender o evento é a parte mais importante de todo o processo. Na verdade, se não se vender o evento, não há possibilidade de nenhuma outra atividade do planejamento existir. A venda do evento é a "alma" e o coração da ideia concebida para o mesmo vir a acontecer.

Eis algumas fontes de recursos:

- recursos pré-existentes na empresa promotora do evento;
- inscrições de expositores;
- venda de convites ou distribuição dos mesmos (quando não há venda);
- venda de espaços para os estandes;
- contribuições privadas, através de doações, por exemplo;
- outros auxílios governamentais, como alguma forma de contribuição para que o evento ocorra.

As inscrições de participantes devem acontecer com um forte e eficaz planejamento, a partir de um processo pré-definido pela comissão organizadora ou empresa promotora, com a intenção de informar aos expositores, participantes efetivos e o público-alvo, sensibilizando-os e motivando-os para o evento.

Venda de Espaços para Estandes

- identificar o mercado, ou seja, a quem interessa estar com a empresa promotora no evento;
- analisar previamente qual é o espaço definido para o expositor no local do evento, o que deverá fazer parte deste espaço, se é convidativo ou não em espaço e conforto para a exposição do produto;

- fazer um bom planejamento estratégico para a argumentação de venda, a fim de sensibilizar os expositores;
- preparar a organização e o treinamento das equipes que farão as visitas da venda do evento;
- avaliar, o planejamento da venda de espaços, como serão feitos os controles das oportunidades dadas aos interessados. Não esquecer nunca que esta etapa da organização do evento deverá ter todas as atenções, esforços, profissionalismo e seriedade. Sem isto, com certeza, não se chegará a lugar algum. É preciso trabalhar com habilidades pessoais e profissionais bem específicas; tais como: gostar de falar em público, possuir fluência verbal, ser coerente, ético e principalmente, possuir experiência em vendas, de um modo geral.

Contribuições Privadas e Públicas

As contribuições privadas e públicas de empresas e órgãos são forte apoio para os recursos alocados com:

- estadias de convidados especiais, palestrantes ou outros;
- passagens aéreas, locação de automóveis, vans, ou passagens urbanas ou interurbanas;
- confecção de cartazes, faixas, *folders*, lâminas, convites, bandeirolas, estandartes ou galhardetes, entre outros meios de divulgação importantes na promoção do evento;
- pastas para os congressistas e convidados;
- anais do evento (manual que contém o resumo de todas as palestras);

- brindes: bonés, camisetas, chaveiros, cortesias de modo geral;
- pagamento das instalações usadas na realização do evento;
- coquetel de abertura ou de encerramento;
- *coffee-break*, lanches ou almoço/jantar considerados importantes para as boas vindas ou despedidas do evento.

Enfim, todo o planejamento para a realização do evento deverá levar em consideração estes e outros aspectos que necessitem contribuições para a sua viabilização.

Identificação e Análise dos Participantes

Para se organizar uma programação de atividades e recepção criteriosa, é preciso identificar ou especificar o perfil dos participantes de acordo com sua natureza, ou lugar de origem. Para isso, é valioso fazer-se uma análise detalhada quanto:

- aos interesses dos participantes, dos expositores, dos convidados especiais, dos consultores, dos palestrantes e dos acompanhantes;
- às motivações dos participantes;
- às resistências, ou seja, o que poderá desgostá-los;
- à natureza sócio-econômica destas pessoas;
- aos interesses que possuem para intercâmbios de ideias, projetos, negócios etc.;
- à faixas etárias e religiosidade;
- à formação acadêmica e experiência profissional;
- a cargos ou funções que ocupam profissionalmente;
- às empresas, órgãos ou instituições que representam;
- aos interesses profissionais, pessoais e sociais;

- à sua origem: cidade, estado ou país;
- a outros aspectos que sejam facilitadores para a identificação e análise de cada participante do evento.

Qualidade na prestação de serviços

Alguns "pecados" e falhas muitas vezes imperdoáveis comprometem a qualidade da prestação de serviços de restaurantes, bares, hotéis, lanchonetes ou *fast-foods*, entre outros de uma cidade. Para que esses serviços melhorem e atinjam o patamar de primeiro mundo é importante que empresários se conscientizem da importância para o segmento turístico da prestação desses serviços e, principalmente, que o consumidor esteja atento e reclame sempre, reivindicando o direito de ser bem recebido, com um atendimento de qualidade e de respeito.

Higiene é obrigação de qualquer estabelecimento comercial. Os alimentos devem ser preparados e manipulados com muito cuidado, observando-se a qualidade, o prazo de validade e a forma como vão ser preparados e apresentados ao consumidor e a disposição dos mesmos no aparador ou *buffet*.

Apresentamos a seguir uma sequência de cuidados obrigatórios no segmento da gastronomia, com a organização e a harmonização do ambiente:

- ar condicionado só deve ser instalado quando houver um perfeito sistema de exaustão na cozinha do restaurante, caso contrário o salão onde são servidas as refeições fica impregnado com o cheiro de gordura;
- quando há serviço de churrasqueira, é comum haver fumaça no ambiente;
- deve-se cuidar para que os alimentos estejam devidamente protegidos e cobertos, evitando o sério risco de contaminação;

Organização de Eventos

- as saladas devem ser protegidas antes de serem levadas ao refrigerador, evitando gosto e aparência de geladeira;
- as vasilhas onde são colocados os alimentos devem ser mantidas sempre em ordem, evitando que o local onde estão permaneça com restos de alimentos caídos a seu redor;
- evitar que o mesmo aconteça com o chão, com restos de alimentos, guardanapos de papel, palitos de madeira;
- é importante a identificação dos pratos servidos - o cliente se perde diante da variedade de receitas submersas em molhos;
- a falta de toalha, jogo americano ou toalha de papel na mesa empobrece qualquer refeição, mesmo que ela seja feita em uma lanchonete;
- se uma toalha faz falta, não tem perdão o estabelecimento que reutiliza toalhas de papel, copos ou talheres descartáveis; como a própria definição especifica, o material é descartável, ou seja, depois de usado deve ser jogado fora;
- as mesas devem estar bem limpas, mesmo que sobre elas vá uma toalha de papel;
- as mínimas regras de higiene mostram que os talheres devem ser individualizados ou envoltos em saquinhos ou protegidos por guardanapos, nunca colocados soltos em uma bandeja para que cada cliente pegue o seu;
- quem toma conta dos alimentos, repondo-os nas vasilhas, não pode nunca trabalhar como caixa. Manusear dinheiro e alimentos é falta gravíssima;
- a limpeza dos utensílios precisa ser feita com toalha de cozinha, limpa, lisa, sem pelos e embebida em álcool;

- é muito desagradável obrigar o cliente a pagar a conta antes mesmo de se alimentar, fazendo-o manusear dinheiro junto com seu alimento;
- os funcionários devem sempre se apresentar com uniformes ou aventais limpos e com os cabelos presos e protegidos por uma touca ou boné.

Organização e harmonização do ambiente

- não se deve ter mesas perto dos banheiros e estes também não devem se localizar próximo à cozinha;
- o alimento nas travessas do *buffet* deve estar bem arrumado, decorado, especificado o nome do prato, pois a boa apresentação e a beleza indicam atenção com o convidado, assim como a higiene, atraindo ainda mais os clientes;
- o mesmo serve para a decoração das mesas do *buffet*;
- em churrascarias, o piso deve ser mantido sempre limpo, pois a gordura no chão pode provocar a queda de alguém.

Enfim, todo o cuidado com cada item acima será bem-vindo. Quando se recebe em casa ou em um estabelecimento, fica-se responsável por cada pessoa, por isso qualidade, zelo e profissionalismo são imprescindíveis.

Na listagem acima pode ter havido itens não citados sobre os aspectos importantes que comprometem a qualidade dos restaurantes, bares, lanchonetes, pousadas, hotéis etc., porém, a partir dos quesitos aqui apontados, o empresário ou coordenador de eventos poderá fazer sua própria reflexão e análise, visando ao aprimoramento e capacitação de todos os que atuam nesta área.

Capítulo 3

Avaliação consciente da ideia do evento

AVALIAÇÃO CONSCIENTE DA Ideia DO EVENTO

Para organizar qualquer tipo de evento, até mesmo um do tipo caseiro, existe a necessidade de se fazer previamente uma análise criteriosa e bem consciente não só da ideia, mas de todos os itens envolvidos.

Apresentamos a seguir uma metodologia que facilitará a análise criteriosa. É um esquema fácil de compreender, apontando alguns quesitos que não podem faltar na avaliação. Existem outros aspectos, pertinentes e necessários de avaliação, mas, a partir de alguns parâmetros, o organizador será capaz de ampliar este esquema, adequando-o ao seu evento.

Existem oito fases bem definidas na preparação do evento, conforme esquema abaixo:

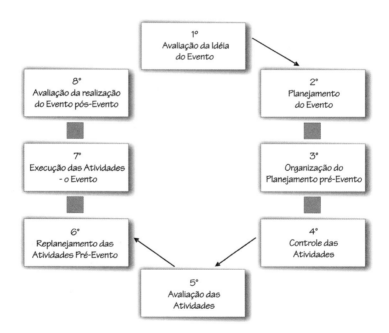

1ª fase – AVALIAÇÃO DA Ideia DO EVENTO

Se feita de forma consciente, madura, segura e profissional, 50% do planejamento estará alinhavado.

Geralmente, não há muito tempo para este momento. Na realidade, esse lamento é o que mais se escuta dos organizadores. Existem diversos motivos, como:

- os gerentes chamam os organizadores em seus gabinetes, passam-lhes o *briefing* e exigem urgência;
- o promotor de eventos em uma empresa, normalmente, é responsável pela realização de várias solenidades; o que pode acumular muitas tarefas;
- há, ainda, a célebre falta de administração do tempo com produtividade, que ocasiona atropelos, atrasos, falta de objetividade nas reuniões de trabalho ou, bem pior, a falsa ideia de folga no prazo para a realização do evento; Seja por um motivo ou por outro, a fase inicial, AVALIAÇÃO DA Ideia, dará ao promotor/organizador do evento a linha mestra a ser seguida.

É nesta fase que se levanta:

- o que fazer;
- quando, como e quem vai fazer;
- onde conseguir os recursos necessários: humanos, materiais, equipamentos etc;
- onde conseguir apoio, patrocínio, parceiros, colaboradores;
- os recursos financeiros suficientes iniciais e reais para todos os gastos, compromissos, contratações etc.

O prazo mínimo para a organização de um evento, normalmente, é de 3 meses a 1 ano. Há casos de eventos anuais que, ao término da fase de execução, já se deve iniciar o planejamento para o próximo ano.

É preciso tomar cuidado com as ideias intempestivas, com as informações atrasadas e incompletas ao promotor, com controvérsias, omitindo dados significativos e esclarecedores, ou por parte do CONTRATANTE ou do setor, gerência ou departamento de uma instituição. Não é profissional dar início aos contatos, às contratações ou ao planejamento do evento sem a ANÁLISE ou DIAGNÓSTICO da ideia do acontecimento.

Organização de Eventos

O ideal é fazer um *check-list* das atividades a serem pensadas, estudadas. A avaliação é parte de todo o processo, pois o planejamento, por si só, não dá uma completa margem de segurança, exigindo pleno exercício do controle e da reavaliação em cada momento. É errado pensar não haver tempo para esse momento; ao contrário, ele é que trará mais tempo ao promotor em seus contatos e em sua linha de ação, pois mais da metade do caminho a percorrer já foi idealizado, indicando com maior precisão o restante do percurso a seguir.

A seguir, apresentamos um pequeno esquema para auxiliar o promotor nas análises do pré-evento. Após identificar o tipo do evento, na gravura apresentada, ele pode elaborar um esquema atendendo às suas necessidades, adaptando-o à sua realidade.

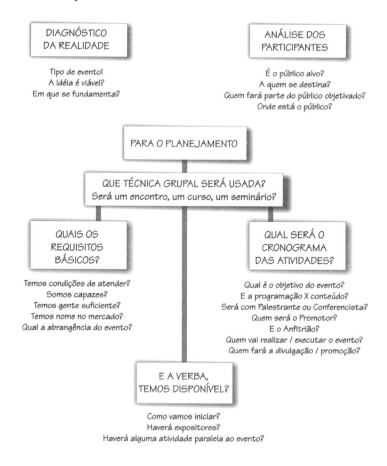

3ª FASE – ANÁLISE PARA OS PROCEDIMENTOS DE ORGANIZAÇÃO:

QUAL SERÁ A ESTRATÉGIA DE COMUNICAÇÃO QUANTO A...

...Identidade visual?
...publicidade e propaganda?
...assessoria de imprensa?
...estratégia de marketing?
...produções gráficas?
...mala direta?
...Telemarketing?

ENTRADA DE RECURSOS EXTERNOS

Patrocínios
Apoio
Colaboração
Co-participação
Venda de inscrições ou ingressos
Espaço de estandes

ORGANIZAÇÃO

SERVIÇOS GERAIS: HAVERÁ NECESSIDADE DE...

...copa-cozinha?
...portaria / manobreiros / ascensoristas?
...utilização de equipamentos?
...entradas e saídas de públicos, veículos, máquinas e equipamentos?

HAVERÁ NECESSIDADE DE MONTAGENS PARA...

...secretaria - tesouraria?
...tribuna - serviço médico?
...estandes - painéis displays?
...salas VIP de imprensa?
...coberturas?
...segurança?
...palcos - tablados - displays?
...gabarito - sinalização?
...outdoors - faixas - cartazes - estandartes?
...gabinete do presidente?

TUDO ISTO, VISANDO: O ESFORÇO DE VENDA DO EVENTO

4ª FASE – AVALIAÇÃO PARA OS PROCEDIMENTOS DE CONTROLE DO EVENTO:

DEFINIÇÃO DO ORÇAMENTO GERAL

criação e encomendas diversas
material gráfico
confecções: uniformes, impressos, convites
compra ou aluguel de equipamentos, máquinas, acessórios
alterações, instalações, obras
recursos diversos
contratos de terceirizados
pagamentos, aluguéis e outros

CONTROLE DE...

...DEFINIÇÃO DE RESPONSABILIDADES

responsável financeiro
coordenadores
equipe do cerimonial

...NOTAS FISCAIS, CONTRATOS E COMPROVANTES DIVERSOS

CRONOGRAMA DO EVENTO OBJETIVANDO A ALCANÇAR O SUCESSO DO EVENTO

5ª FASE – ANÁLISE DOS PROCEDIMENTOS DE EXECUÇÃO DO EVENTO:

ANÁLISE CIRCUNSTANCIAL:

data - período
local de realização
clima ideal
infra-estrutura necessária

PREMISSAS INICIAIS DO CERIMONIAL E PROTOCOLO:

abertura, desenvolvimento e encerramento.
precedência e composição de mesa
autoridades e convidados vips especiais
bandeiras - emblemas
banda, composição e arrumação da mesa
microfones, púlpito ou tribuna

EXECUÇÃO

O DIA DO EVENTO

ENTRETENIMENTOS - O SOCIAL DO EVENTO:

lazer, passeios, visitas.
atividades de turismo
na cidade
atividades paralelas:
feiras, exposições etc.
almoço, chás, jantares.

RECURSOS HUMANOS:

comissão organizadora
recepcionista, cerimonialista
portaria - segurança
mestre de cerimônias
limpeza - instalações
tradutores - motoristas

RECURSOS AUDIOVISUAIS - MATERIAL E EQUIPAMENTOS:

telão, tela, data-show
retro-projetor, filmagem
slides, quadro-branco
e avisos
flip-chart

VISANDO A OPERACIONALIZAÇÃO DO EVENTO

6ª FASE – AVALIAÇÃO DOS DESVIOS E REPLANEJAMENTO DAS DIFICULDADES:

> AVALIAÇÃO DO QUE ESTÁ DANDO CERTO

Verificar se os resultados do planejamento
das atividades estão conforme o previsto.

> AVALIAÇÃO DO QUE ESTÁ DESVIANDO

Avaliar a distorção da realidade e planejar novamente as atividades,
alterando cronograma, contratações e elaborando
novos parâmetros e diretrizes.
As dificuldades mostram que avaliar constantemente o planejamento
é estar em consonância com a realidade.
Planejar novamente não significa erro de estratégia,
mas adequação do pensado, idealizado, e o real.

7ª FASE - AVALIAÇÃO FINAL DAS CONDIÇÕES DE REALIZAÇÃO DO EVENTO:

convidados . consultores - palestrantes - mestres de cerimônia
número de pessoas - comissão organizadora - recepcionista
tesoureiro - montadores, enfim os terceirizados,
a fim de verificar a qualidade, os comprometimentos firmados,
ensejando-se resultados, produtividade e o

Passando por esse diagnóstico e, sendo as respostas ao questionário positivas, conclui-se que a ideia do evento é viável, iniciando-se, então, a elaboração do planejamento geral.

Capítulo 4

Liderança de eventos

DELEGAÇÃO E ACOMPANHAMENTO DE TAREFAS DAS EQUIPES

Vivenciamos a era de grandes mudanças e com isto, novas realidades na organização de eventos se fazem necessárias.

Dentro de uma visão estratégica, novas habilidades gerenciais são exigidas dos profissionais na linha de frente da promoção e organização de eventos, para os empreendimentos oferecerem respostas adequadas às necessidades do público alvo e de todos os envolvidos.

O novo perfil do promotor ou líder é o de norteador do desenvolvimento da ideia inicial do evento. Para se contar com patrocínios, apoios, colaboração, parceiros, enfim, contribuintes para a eficiência e eficácia do evento, é importante contar com líderes competentes, motivados e comprometidos com a busca de resultados de sucesso.

Assim, é primordial incluir na evolução do promotor de eventos o desenvolvimento de uma postura gerencial, baseada:

- em pensamentos estratégicos;
- na importância do promotor como negociador e líder;
- no entendimento humano;
- na importância do planejador para obter uma comunicação eficaz nas diversas atividades durante a organização.

Tem-se, então, um *promoter* compromissado com o "auto-desenvolvimento", com o crescimento da equipe-comissão organizadora, com potencial criativo, e preparado para a tomada de decisões certeiras.

Inicialmente abordaremos a questão da eficiência e da eficácia, para depois chegarmos ao perfil de um líder negociador.

DIFERENÇA ENTRE EFICIÊNCIA E EFICÁCIA

GERENTE EFICIENTE	GERENTE EFICAZ
Faz as coisas bem feitas.	Faz as coisas certas.
Resolve problemas.	Produz alternativas criativas.
Cumpre o dever.	Obtém resultados.
Reduz custos.	Aumenta o lucro.
Desculpa-se pelos atrasos.	Chega no horário certo.
Salvaguarda os recursos.	Maximiza a utilização dos recursos.
Na correspondência, desculpa-se por erros e enganos (bilhetes).	Corrige os erros e cumpre a responsabilidade em tempo hábil.
Agrada ao patrocinador, apóia os parceiros, escondendo problemas, principalmente com relação a situações delicadas, não sendo relevantes.	Mostra as dificuldades, necessidades e interesse, apresentando ideias, alternativas, retorno no investimento e soluções viáveis.
Cumpre o combinado.	Discute o trabalho a ser realizado, apresentando alternativas de solução.
Trabalha em função de sua personalidade e cultura.	Trabalha para atingir os objetivos e os resultados para o público alvo.

NEGOCIAÇÃO EM EVENTOS

O promotor de eventos precisa estar motivado para as diversas negociações para alcançar as metas estabelecidas no planejamento.

Ele precisa fixar um plano com a equipe, sobre o que vai solicitar, trocar, vender ou comprar, avaliando a possibilidade de concessões e, principalmente, estar firme em suas ideias e convicções.

Negociação exige ética e comprometimento. Sem estes valores, o evento deixará muito a desejar, exatamente por envolver pessoas, hábitos, usos e costumes, precisando atentar às posições e reações positivas e negativas.

NÃO EXISTE NEGOCIAÇÃO SEM ENVOLVIMENTO E MOTIVAÇÃO

Regras para se negociar:

- preparar a apresentação do tema (motivo da negociação);

- descobrir algo sobre a personalidade da pessoa ou do grupo com o qual vai negociar;
- verificar a possibilidade de algum parceiro estar compatível com a ideia;
- simpatia, humildade, profissionalismo, firmeza e verdade - qualidades e valores que auxiliam na negociação;
- buscar reações positivas.

O QUE LEVA A POSIÇÕES POSITIVAS

- apresentar benefícios do evento, com lógica e coerência;
- buscar concordância passo-a-passo;
- não bajular, não entregar tudo antes do momento certo;
- satisfazer as objeções favoravelmente, contra argumentando com equilíbrio, senso e profissionalismo;
- não discutir, ser ponderado e tranquilo;
- não deixar nenhuma objeção de lado, mesmo que pequena ou considerada irrelevante;
- primeiro deve-se vender a ideia, depois negociar.

PARA O SUCESSO NAS NEGOCIAÇÕES:

- confiança e integridade do negociador;
- o comprador precisa saber que a oferta atenderá às suas necessidades;
- o comprador deve ter total consciência de todos os benefícios;
- o comprador da ideia precisa concordar passo-a-passo com o negociador;
- é preciso ter certeza que todas as suas objeções foram respondidas satisfatoriamente.

O COMPRADOR QUER GANHAR, MAS O NEGOCIADOR TAMBÉM!

PARA ISSO, É PRECISO QUE O NEGOCIADOR:

- saiba a sua posição;
- avalie se está com vantagem ou desvantagem quanto ao que vai negociar; com o monopólio, não há negociação;
- conheça, ao menos um pouco, o comprador da ideia;
- seja honesto, ético e profissional;
- dê as concessões possíveis, estudadas previamente;
- mantenha postura firme e segura;
- se prepare antes, prevendo o que poderá acontecer na reunião.

TIPOS DE COMPRADORES DE IDEIAS – ANÁLISE

A. inflexível, duro;

B. amistoso, do tipo: "Oh! Se fosse por mim..., a palavra final está com o diretor...";

C. ganha/perde: o que está sempre certo, acha que sabe o melhor para todos e quer sempre ganhar;

Como lidar com o ganha-perde:

- "Discutir" sempre, a cada pequena mudança ou alteração que ele quiser fazer;
- anotar tudo, mencionando em voz alta o que está anotando;
- fazê-lo sentir ganhar a cada pequena mudança;
- a cada crise, mudança mais forte ou desconforto, ficar firme: "Ah! Agora não posso concordar! Até aqui pude concordar favoravelmente, mas agora, realmente, é im-

possível." Existe a probabilidade dele ceder na única questão que realmente importa.

Por isso, mencionamos a necessidade de se conhecer, nem que seja um pouco, a pessoa com quem se vai negociar, tendo, já, em mente um plano de como apresentar a ideia - onde, quando, por que e a quem.

Observação: Negociação é dar e tomar. Quem ganha a negociação dando alguma coisa sem prejuízo para ambos é o ganha-ganha.

ANTES DE NEGOCIAR, DEVE-SE:

- perguntar sobre quais as exigências do comprador;
- identificar estes fatores e avaliar como deverá se comportar diante deles;
- anotar as perguntas que se faria se fosse o outro;
- responder sobre os aspectos positivos e negativos - a favor e contra si próprio.

LEMBRE-SE, O COMPRADOR SEMPRE EXAGERA

Normalmente, o comprador de ideias vislumbra apenas seus interesses, necessidades e dificuldades, por isso, recomenda-se:

- tentar dominar com argumentação coerente e equilibrada;
- planejar com antecedência a concessão a fazer;
- esperar a solicitação do comprador, tendo em mente o que ele pedirá;
- antecipar a concessão para "diminuir" a força dele;
- decidir quais as concessões que exigirá.

CLASSIFICAÇÃO DAS CONCESSÕES:

Essenciais - não se pode ceder, é preciso deixar isso claro logo no início da reunião;

Razoáveis - ninguém ganha e nem perde, é meio a meio. É o chamado ganha-ganha;

Desejáveis - são "armas" de barganha, dá a impressão de se estar cedendo.

Antes da reunião começar:

- acreditar no próprio potencial, na intenção de realizar algo bom para muitas pessoas;
- decidir previamente o tipo de profissional que o apoiará, por exemplo: um contador, um engenheiro;
- decidir que tipos de papéis, projetos e recursos diversos o auxiliarão na apresentação;
- deve-se estar preparado, técnica, profissional e emocionalmente, quanto à possibilidade do comprador de ideias lutar por concessões não essenciais;
- não é aconselhável pedir um tempo para consultar outras pessoas – pode parecer desconhecimento ou falta de avaliação prévia sobre o assunto. Em algumas situações podem-se consultar sócios, parceiros, apoios de instituições que se conseguiu para o evento, porém este pedido de tempo atrapalhará o cronograma, enfraquecendo a aprovação, demonstrando desconhecimento acerca do assunto.

AVALIANDO AS QUALIFICAÇÕES COMO NEGOCIADOR

É muito importante questionar, ou seja, avaliar com a equipe quem é a pessoa mais indicada para negociar e vir a alcançar o que se pretende para a realização do evento. Nem sempre o líder do evento é a pessoa mais indicada para barganhar. É preciso ter controle emocional, ser equilibrado, com boa memória, capaz de gravar cada palavra, perceber a reação do comprador e, com isto, trabalhar mentalmente sua estratégia com maior possibilidade de acertos.

Numa equipe, cada um tem uma personalidade específica para cada atividade. É preciso distribuir responsabilidades e tarefas de acordo com o potencial de cada um. Um profissional irredutível, sem paciência, altamente falante e vaidoso, pode perder oportunidades, desarmonizar não só a ideia do empreendimento, mas o nome da empresa promotora do evento e sua equipe.

AS 10 QUALIDADES DE UM LÍDER

1 - Energia física e emocional

Saúde e energia acima da média das pessoas para estimular os outros a fazer bem feito o que se tem a fazer.

2 - Noção de objetivo e direção

É a causa final de lideranças, saber para onde vai e saber conduzir as pessoas.

3 - Entusiasmo

Ter e manter a convicção daquilo que faz, com coerência, bom senso e equilíbrio, realizando suas ideias com satisfação, em benefício de todos e de si próprio.

4 - Cordialidade de fato

Para se exercer a liderança não se pode viver fechado, envolvido consigo mesmo, alheio a tudo ao seu redor. Há diferença no olhar sobre a pessoa do líder: admirar o líder como gerente, percebendo a sua autoridade ou olhar o líder somente como uma autoridade.

5 - Despertar confiança

Ser um profissional íntegro cumpridor do que promete com ética e postura profissional.

6 - Competência

Numa sociedade tecnocrata, um incompetente e despreparado não pode liderar.

7 - Habilidade de ensinar

Despertar nos liderados a vontade de aprender, além de saber ensinar e não ter medo de fazê-lo. Existe uma crença de que o líder não tem tempo para isso ou para aquilo; é preciso avaliar melhor a questão do tempo, montando um planejamento estratégico para se conseguir utilizá-lo visando a maior produtividade. É preciso disciplina, organização e delegação de tarefas, de forma assertiva.

8 - Poder de decisão

Decidir é função do líder, que não pode ser delegada, ele assume o risco por elas. O líder atual escuta as opiniões da equipe, dos parceiros e dos sócios, analisando em conjunto os prós e contras. As avaliações e discussões são feitas em grupo, mas a decisão final é dele. Muitas vezes esta decisão é comum, há um consenso, mas, não ocorrendo, cabe ao líder do projeto, do evento ou da instituição, decidir.

9 - Inteligência

É a habilidade de fazer o que deve ser feito, perceber a relação de causa e efeito entre os fenômenos, os paradoxos e as ambiguidades. Possuir senso de humor também é importante.

10 - Fé

Um líder é tão grande quanto a fé que possui e transmite aos liderados.

DELEGAR E ACOMPANHAR TAREFAS

As pessoas, desde que nascem, têm necessidade de se comunicar. Quem deseja construir algo sabe que precisa da ajuda dos outros.

Assim, a comunicação é uma das ferramentas usadas para organizar e unir a vida da própria comunidade. É preciso participar, cooperar, colaborar, partilhar. Delegar não é somente passar para outros uma tarefa e responsabilidade, é preciso comunicar, orientar e acompanhar os resultados favoráveis e desfavoráveis da equipe.

Mas todos participam do mesmo jeito? É uma boa pergunta. Claro que não! Podemos falar uma mesma língua, mas a linguagem é diferente. Os hábitos, usos e costumes contribuem para isso, assim como o conhecimento e a experiência de cada um também.

À medida que as pessoas trabalham juntas, as relações vão crescendo e aparecem papéis diferentes, surgindo, assim, líderes diferentes.

Assim sendo, o que se entende por líder? A liderança do grupo não está obrigatoriamente nas mãos de um chefe. Claro que a responsabilidade maior é do gerente do evento ou do projeto. Porém, este não pode se acomodar, esperando que o outro faça as coisas por ele. Com isso, a liderança vira acomodação, com um mandando e outros obedecendo. De acordo com os limites de cada um, pode haver um líder. Liderar é um direito de qualquer pessoa. A iniciativa está ligada a este aspecto. O acomodado fica à espera daquele que manda, ocorrendo, muitas vezes, o insucesso numa negociação ou avaliação.

Quando afirmamos que liderar é direito da pessoa, desejamos enfatizar que lidera quem não se cala quando sente poder fazer algo pelo grupo, pelo evento, pelo seu líder e até para si mesmo.

A função da liderança é acompanhar TAREFAS. Para isso o grupo precisa avalia.

A tarefa é necessidade do grupo?

- buscar informações com o grupo, ou fora, para perceber como fazer a tarefa;
- parar de vez em quando e verificar se os problemas estão sendo resolvidos.

Com este procedimento, percebemos a importância de cada um no grupo e seu papel para realizar cada tarefa. O líder não precisa dizer que é ele quem manda. A própria postura avaliadora, questionadora, observadora, com direção certeira nas ações, demonstra.

Equipes se formam com duas ou mais pessoas. Um grupo integrado realiza TAREFAS COMUNS e está envolvido e comprometido com o evento.

Uma equipe está entrosada, com responsabilidade e comprometimento, quando:

- as pessoas se reúnem ao mesmo tempo e lugar para realizar uma tarefa comum;
- os participantes têm os outros no pensamento, por intermédio das relações estabelecidas com o grupo;
- os participantes se comunicam por meio dos papéis de cada um no grupo.

A tarefa é conhecida por todos, mas nem sempre, é claro, é sentida e percebida por todos igualmente. Isto se deve às DIFERENÇAS INDIVIDUAIS. O líder deve conhecer plenamente quem é cada um de sua equipe.

No decorrer da realização das reuniões, o grupo vai percebendo não ser fácil mudar as coisas. Por quê? Porque qualquer equipe formada passa por três momentos diferentes à medida que as pessoas vão realizando a ação comunitária:

Primeiro momento: É a pré-tarefa. Nesse momento o grupo ainda não entrou na tarefa. Está tudo confuso na cabeça de cada um. As pessoas podem, exemplo sentir medo perder a segurança da situação anterior, de lidar com o novo, quando em reuniões externas, exatamente por não saber, ainda, como lidar com a situação. Por isso a importância de um minucioso diagnóstico ou análise da ideia do evento com a equipe, conforme mencionado no Capítulo III.

Nesse primeiro momento, não fica claro o que cada um sente e pensa. O sentimento de equipe tanto interna quanto externas, o pensamento e a ação de cada um ainda estão muito separados. Porém, no avanço das ideias do grupo, surgem papéis diferentes que podem ou não ajudar o grupo a caminhar. A transparência, o "jogo limpo", vai ajudar a alcançar esse clima.

As pessoas, na equipe/grupo, assumem papéis de acordo com a sua maneira de ser e de se relacionar com os outros.

Segundo momento: É a TAREFA. Aqui cada um já percebeu quem é o outro. Não se podem esquecer NUNCA as diferenças entre as pessoas, cada um com uma história de vida, com limitações e conhecimentos, podendo contribuir com o grupo à sua maneira. Nesse momento surgem os líderes da mudança, os porta-vozes da tarefa.

As dificuldades que impedem a realização da tarefa começam a ser vencidas. O bom é que cada um se compromete com os outros para, juntos, realizarem a ação comunitária.

Terceiro momento: É quando o grupo percebe a possibilidade da viabilização da ideia, seu potencial, sua pré-disposição e condições de realizar/promover o evento, com profissionalismo, seriedade e comprometimento. Distribuem-se as tarefas, inicia-se o preparo para a elaboração do pré-projeto e são dados os primeiros passos para o planejamento geral de um plano de ação.

No grupo interado com o líder e com a ideia do evento, vão surgindo os potenciais, as diferenças positivas individuais e, com isso, os líderes, chamados de coordenadores de atividades de, tarefas ou de projetos.

Existem seis indicadores fundamentais para auxiliar na compreensão do grupo:

- **o compromisso** – é sempre muito importante e necessário;

- **a cooperação** – é a preocupação das pessoas com as outras; a cooperação favorece as pessoas a realizarem os compromissos com o grupo;
- **a concentração na tarefa** – é estar ligado nas necessidades e dificuldades do evento;
- **a comunicação** – a comunicação e o direcionamento das ações ocorrem quando as pessoas conseguem perceber o que acontece no grupo. Quando entendem à realidade, buscam encontrar uma solução viável para o problema;
- **a aprendizagem** – é buscar, constantemente, a eficiência e a eficácia em suas ações;
- **o "clima" do grupo** - existem vários "climas" no grupo, depende do quanto as pessoas se identificam umas com as outras. É claro, isso facilita ou dificulta uma relação. Por isso mencionamos a importância de descobrir, nem que seja um pouco, do aspecto da personalidade da pessoa com quem vamos lidar e, se em grupo, um pouco do perfil do grupo. Esse aspecto norteará a condução das atividades em reunião.

Encerrando este capítulo, apresentamos atributos de quem está na liderança, na supervisão ou na gerência de eventos/projetos, tais como:

INTENCIONALIDADE:

- capacidade para definir e elaborar um projeto;
- determinação e convicção dos rumos a serem seguidos;
- desenvolvimento da capacidade de prospecção – venda da ideia;
- planejamento estratégico;
- visualização objetiva do momento de mudança estrutural;

- **Observação** dessa ruptura, evitando novos erros, se for o caso.

ORGANIZAÇÃO:

Líder desorganizado dá "medo". A organização é imprescindível para que as equipes interna e externa confiem no líder/promotor do evento, além de despertar interesses e necessidades de pedir orientações e direções assertivas para os rumos do planejamento do evento.

INTUIÇÃO:

- Bruner definiu intuição como um pensamento estruturado;
- espera-se do líder do evento/projeto ou atividade este atributo;
- que o *insight* leve a empresa a descobrir novos rumos.

OPORTUNIDADE:

Explorando esta perspectiva detectam-se:

- riscos;
- ameaças;
- oportunidades para o desenvolvimento das ideias e projetos.

Além disso, esse senso define ainda:

- o momento de agir;
- o momento de recuar, estrategicamente;
- o momento de controlar e contornar situações adversas;
- o momento de inovar ideias, projetos, ideias e perspectivas;

- e, principalmente, o momento de arriscar novos rumos e/ou, quem sabe, a própria previsão inicial do projeto ou ideia a se colocar em prática.

Assim, fechamos o Capítulo IV com o questionamento:

Que tipo de líder é você?

Promotor de eventos, gerente de atividades, líder de projetos ou de pessoas e equipes de trabalhos?

Avalie-se, veja como está a sua *performance* na execução de suas ideias ou na promoção dos eventos que deseja realizar. Esta avaliação vai depender, significativamente, do seu preparo e da evolução pessoal e profissional no exercício de suas atividades.

Boa sorte!

Capítulo 5

Fluxogramas e formulários necessários na organização do evento

ORGANIZAÇÃO DE EVENTOS

Apresentação

No Capítulo V - Fluxogramas - é possível ao organizador de eventos planejar, mais conscientemente, cada etapa da preparação, a partir de procedimentos visualizados por meio de símbolos, diagramas de blocos e fluxogramas, tornando mais fácil controlar e decidir sobre ações, empreendimentos e negociações diversas necessárias, conforme veremos a seguir. Boa sorte!

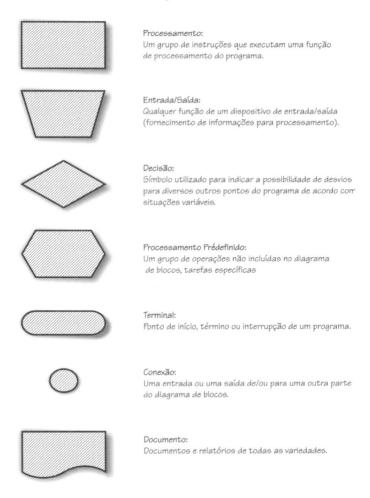

Símbolos de Diagramas de Blocos e Fluxogramas

Processamento:
Um grupo de instruções que executam uma função de processamento do programa.

Entrada/Saída:
Qualquer função de um dispositivo de entrada/saída (fornecimento de informações para processamento).

Decisão:
Símbolo utilizado para indicar a possibilidade de desvios para diversos outros pontos do programa de acordo com situações variáveis.

Processamento Prédefinido:
Um grupo de operações não incluídas no diagrama de blocos, tarefas específicas

Terminal:
Ponto de início, término ou interrupção de um programa.

Conexão:
Uma entrada ou uma saída de/ou para uma outra parte do diagrama de blocos.

Documento:
Documentos e relatórios de todas as variedades.

FLUXOGRAMAS DAS FASES DO PLANEJAMENTO

Visando facilitar o planejamento e a organização do evento, apresentamos a seguir fluxogramas e formulários necessários à organização e à avaliação do evento.

ORGANIZAÇÃO DE EVENTOS

ETAPA PLANEJAMENTO

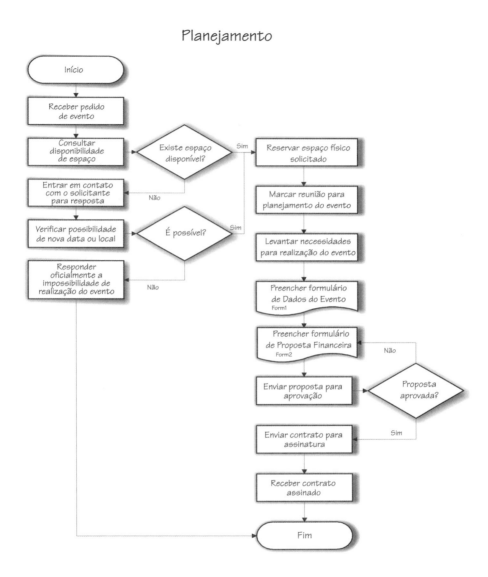

ETAPA ORGANIZAÇÃO

A seguir, fluxogramas da Etapa Organização

Fluxograma 1 - Organização

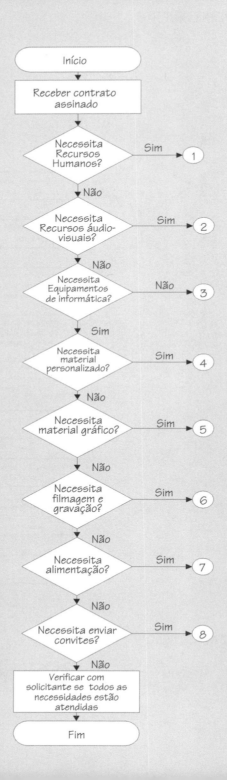

Fluxograma 2 - Organização

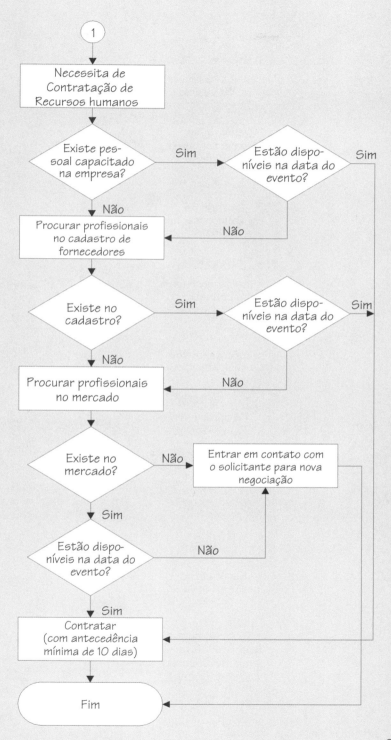

Fluxograma 3 - Organização

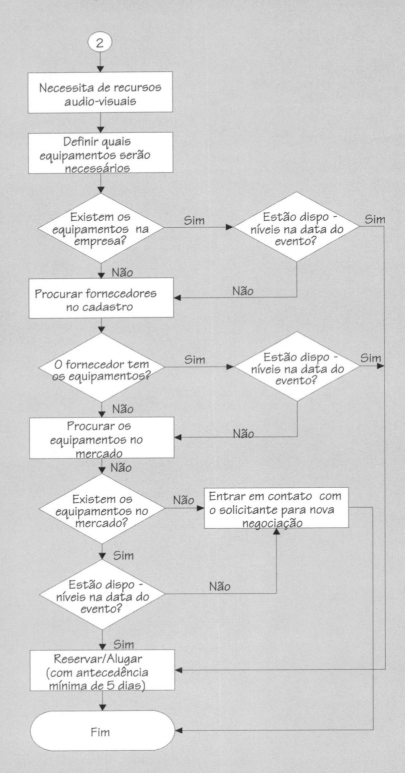

Fluxograma 4 - Organização

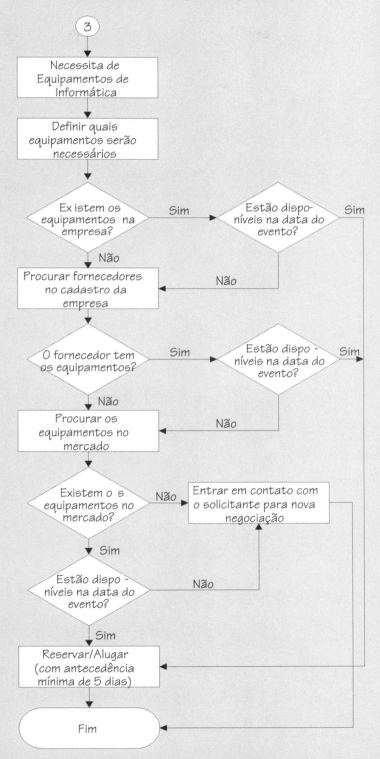

Fluxograma 5 - Organização

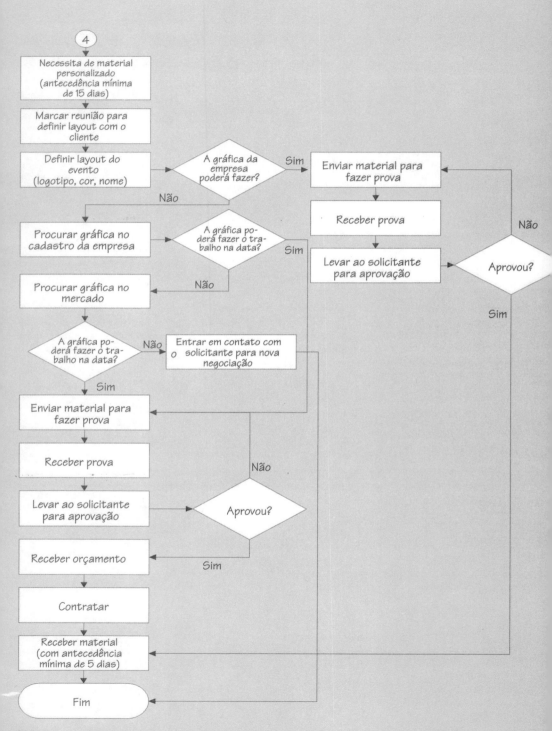

Fluxograma 6 - Organização

```
         (5)
          │
          ▼
┌──────────────────┐
│ Necessita de     │
│ material gráfico │
│ (antecedência    │
│ mínima de 15 dias)│
└────────┬─────────┘
         ▼
┌──────────────────┐
│ Marcar reunião   │
│ para definir     │
│ material e       │
│ quantidade       │
└────────┬─────────┘
         ▼
┌──────────────────┐      ╱╲
│ Definir material │     ╱  ╲  A gráfica da      Sim   ┌──────────────────┐
│ e forma (livro,  │───▶ ╲empresa ╱ ──────────────────▶│ Enviar material  │◀─────┐
│ brochura ou      │     ╲poderá ╱                     │ para fazer prova │      │
│ encadernação)    │      ╲fazer?╱                     └────────┬─────────┘      │
└──────────────────┘         │                                   ▼                │
                            Não                          ┌──────────────────┐    │
         ┌───────────────────┘                           │ Receber prova    │    │
         ▼                                               └────────┬─────────┘    │
┌──────────────────┐      ╱╲                                      ▼              │
│ Procurar gráfica │     ╱  ╲  A gráfica       Sim        ┌──────────────────┐   │
│ no cadastro da   │───▶ ╲poderá ╱ ───────────────────────│ Levar ao         │   │
│ empresa          │     ╲fazer o╱                        │ solicitante para │   │
└──────────────────┘      ╲trabalho╱                      │ aprovação        │   │
                          ╲na data?╱                      └────────┬─────────┘   │
                              │                                    ▼             │
                             Não                                  ╱╲             │
         ┌────────────────────┘                                  ╱  ╲    Não     │
         ▼                                                       ╲Aprovou?╱──────┘
┌──────────────────┐                                              ╲    ╱
│ Procurar gráfica │                                               ╲  ╱
│ no mercado       │                                                │
└────────┬─────────┘                                               Sim
         ▼
        ╱╲
       ╱  ╲  A gráfica       Não    ┌──────────────────┐
       ╲poderá ╱ ────────────────▶ │ Entrar em contato │
       ╲fazer o╱                    │ com o solicitante │
        ╲trabalho╱                  │ para nova         │
        ╲na data?╱                  │ negociação        │
            │                       └────────┬──────────┘
           Sim                               │
            ▼                                │
┌──────────────────┐                         │
│ Enviar material  │◀────────────────────────┘
│ para fazer prova │
└────────┬─────────┘
         ▼
┌──────────────────┐
│ Receber prova    │
└────────┬─────────┘
         ▼
┌──────────────────┐             ╱╲
│ Levar ao cliente │            ╱  ╲    Não
│ para aprovação   │───────────▶╲Aprovou?╱─────┐
└──────────────────┘             ╲    ╱        │
         ▲                        ╲  ╱         │
         │                         │           │
         │                        Sim          │
┌──────────────────┐◀──────────────┘           │
│ Receber orçamento│                           │
└────────┬─────────┘                           │
         ▼                                     │
┌──────────────────┐                           │
│ Contratar        │                           │
└────────┬─────────┘                           │
         ▼                                     │
┌──────────────────┐                           │
│ Receber material │◀──────────────────────────┘
│ (com antecedência│
│ mínima de 5 dias)│
└────────┬─────────┘
         ▼
       ( Fim )
```

207

Fluxograma 7 - Organização

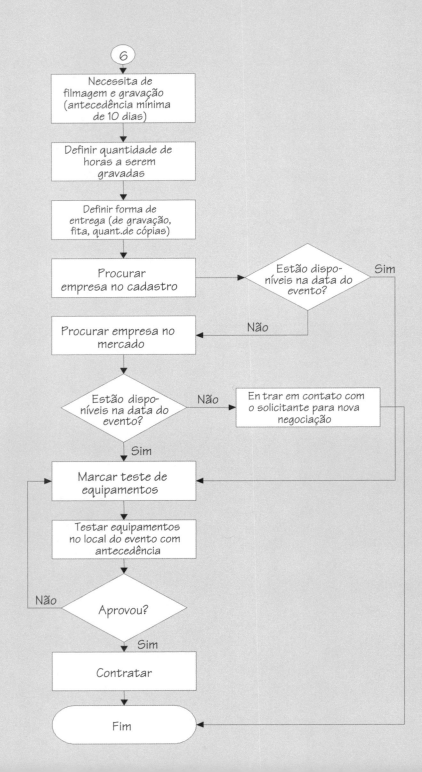

Fluxograma 8 - Organização

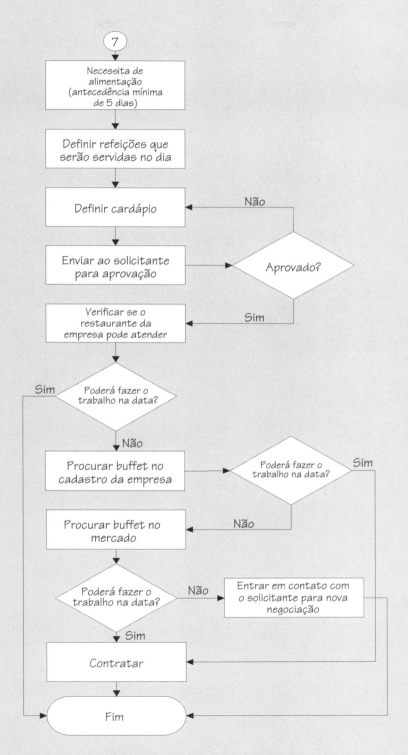

Fluxograma 9 - Organização

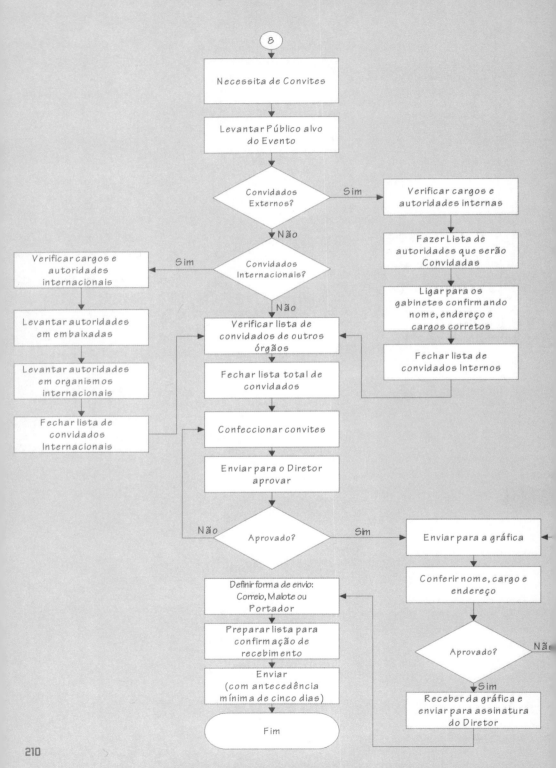

ETAPA EXECUÇÃO

A seguir, fluxogramas da Etapa Execução.

Fluxograma 1 - Execução

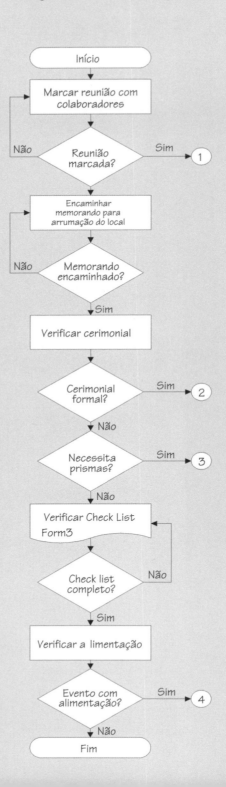

Fluxograma 2 - Execução

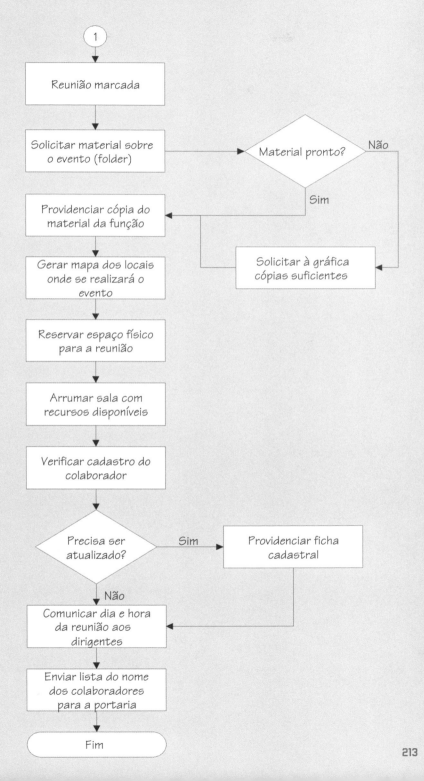

Fluxograma 3 - Execução

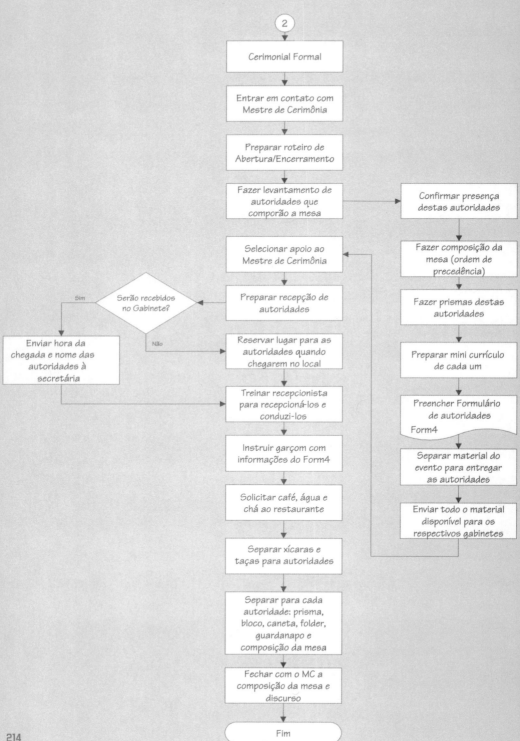

Fluxograma 4 - Execução

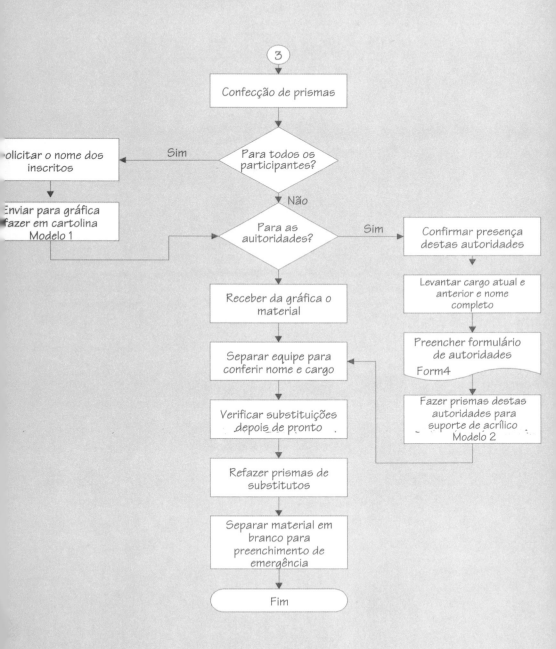

Fluxograma 5 - Execução

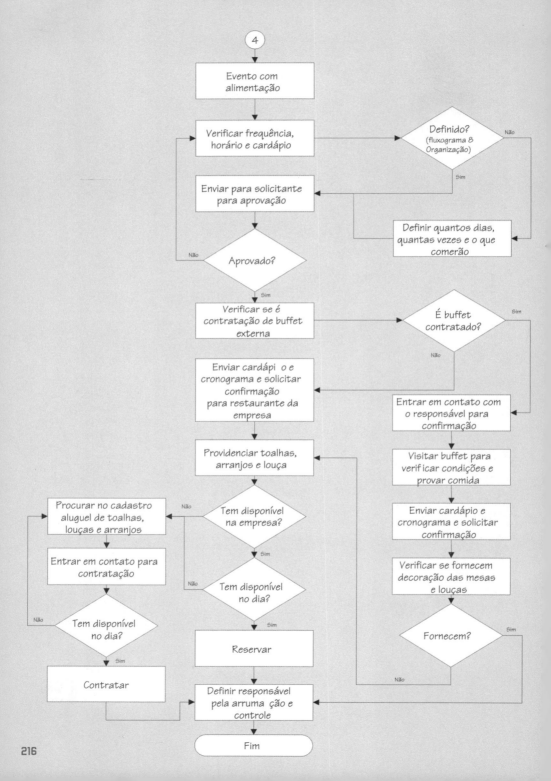

216

Fluxograma 6 - Execução. Véspera do Evento

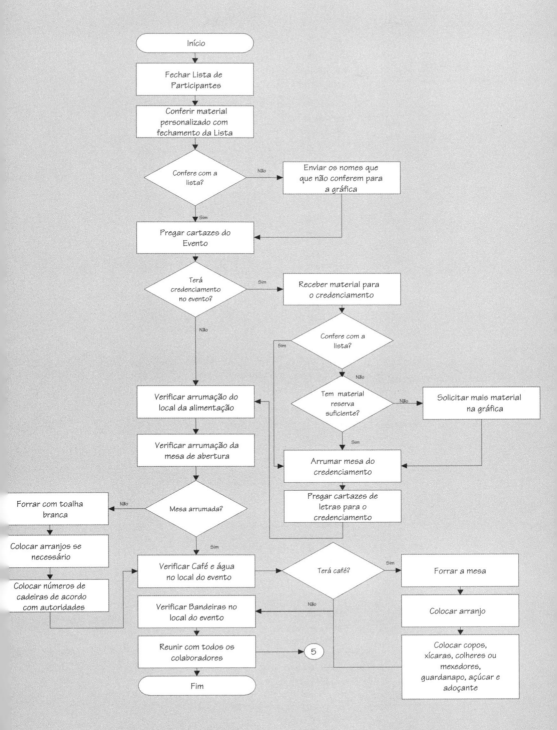

Fluxograma 7 - Execução . Véspera do Evento

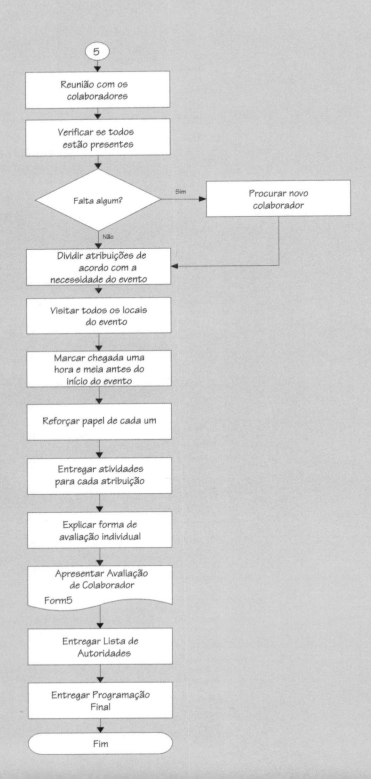

Fluxograma 8 - Organização da Execução

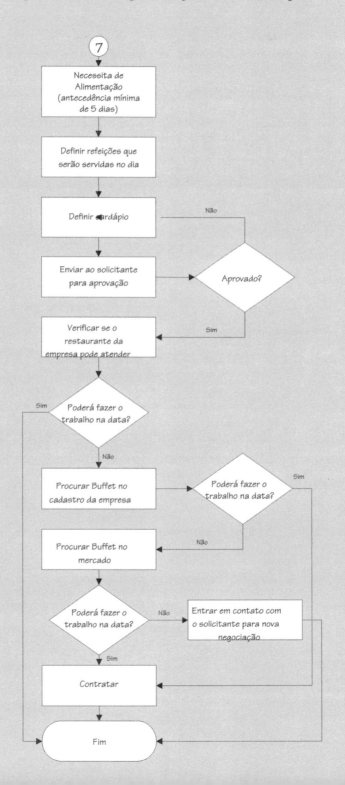

Fluxograma 9 - Execução. Dia do Evento

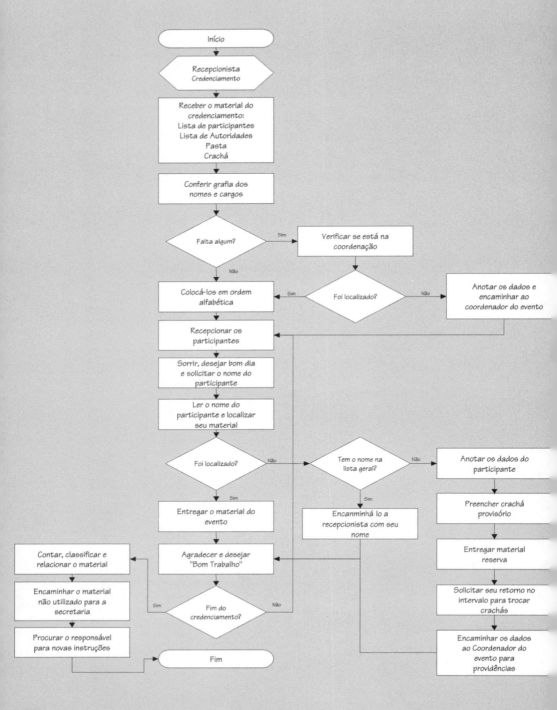

Fluxograma 10 - Execução. Dia do Evento

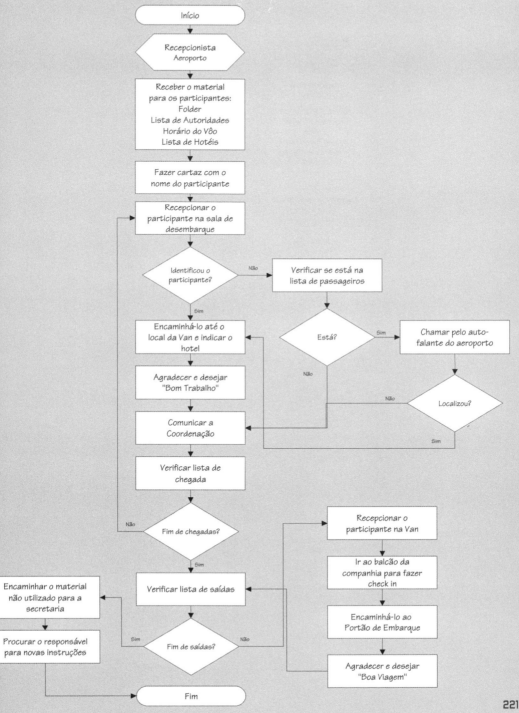

Fluxograma 11 - Execução. Dia do Evento

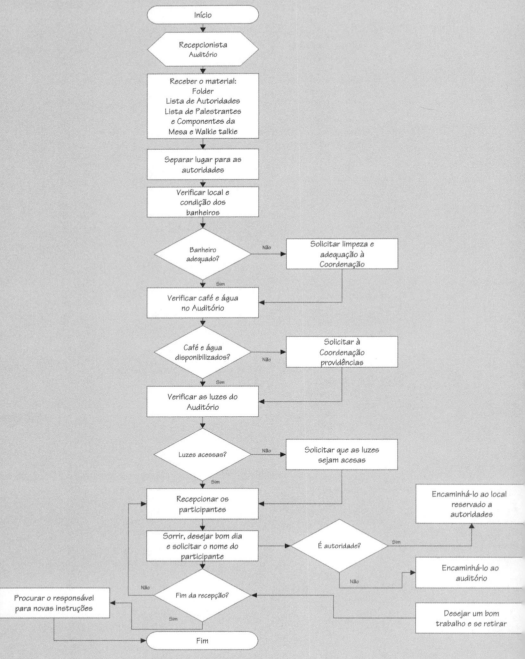

Fluxograma 12 - Execução. Dia do Evento

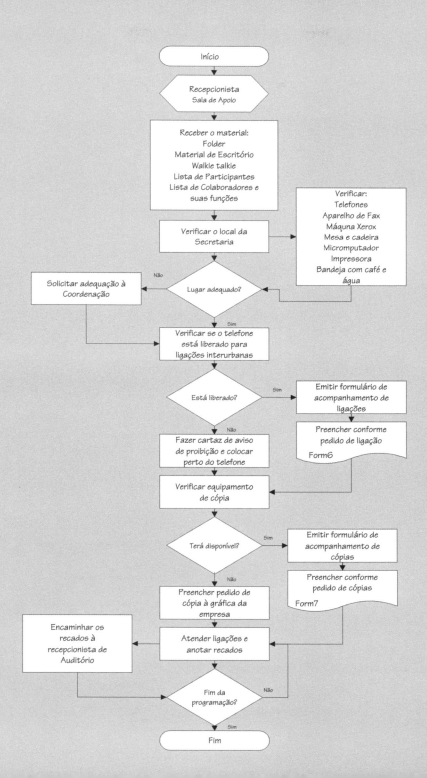

Fluxograma 13 - Execução. Dia do Evento

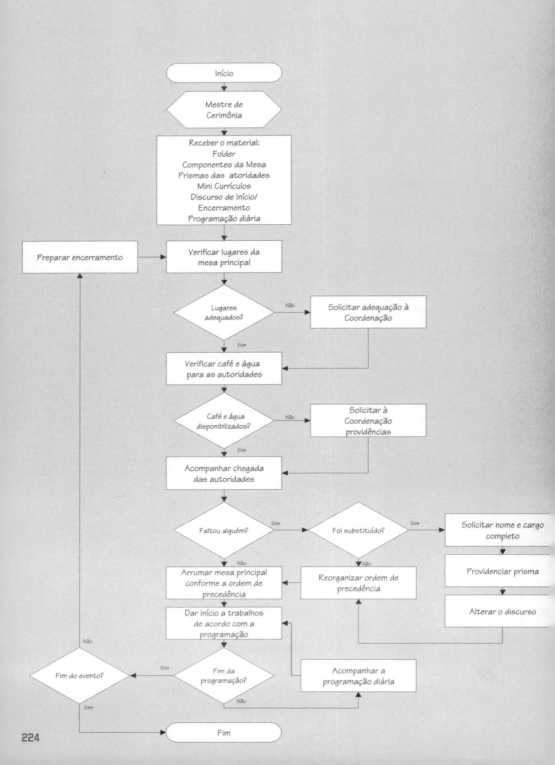

Fluxograma 14 - Execução. Fim do Evento

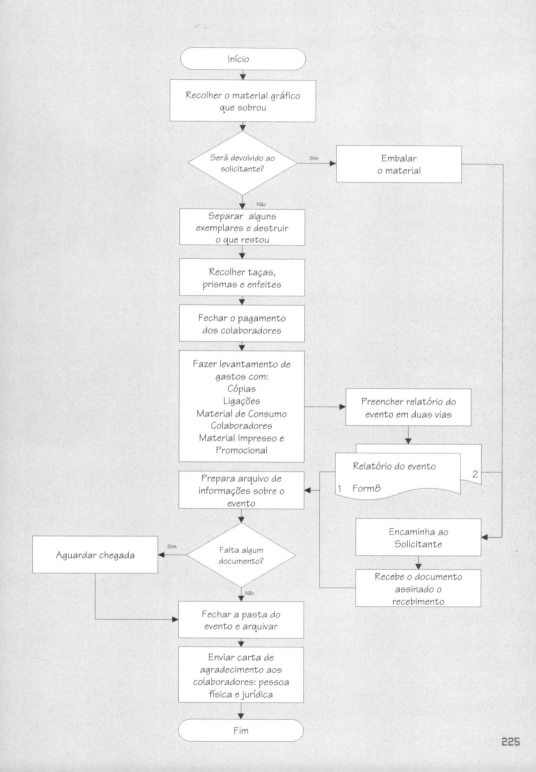

ORGANIZAÇÃO DE EVENTOS

ETAPA AVALIAÇÃO

Fluxograma 1 - Avaliação

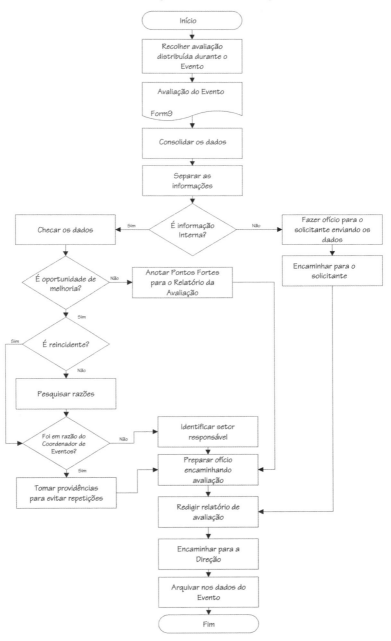

FORMULÁRIOS

FORMULÁRIO 1

Formulário de Levantamento de Dados para realização de Eventos

Data: ____/____/_____

I - INFORMAÇÕES BÁSICAS:

Evento:		Nº:
Período:	Nº Participantes	
Órgão:		
Contato:	Telefones:	

II - TIPO DE EVENTO:

☐ Seminário	☐ Workshop	☐ Palestra
☐ Curso	☐ Reunião de Trabalho	☐ Cerimôna de Abertura
☐ Assinatura de Convênios	☐ Curso de Formação	☐ Cerimônia de Encerramento
☐ Descerramento de Placa	☐ Formatura	☐ Outros: _____

III - NECESSIDADE DE RECURSOS HUMANOS:

☐ Coordenador de Evento	☐ Recepcionista – Nacional	☐ Recepcionista - Bilíngue
☐ Apoio Administrativo	☐ Digitador	☐ Operador de Microcomputador
☐ Manobrista	☐ Garçom	☐ Mestre de Cerimônia
☐ Tradutores	☐ Apoio do Órgão Cliente	☐ Outros: _____

IV - RECURSOS ÁUDIO VISUAIS:

☐ Televisão	☐ Vídeo Cassete	☐ Aparelho de Som
☐ Retro projetor	☐ Flip Chart	☐ Outros: _____

V – RECURSOS DE INFORMÁTICA:

☐ Microcomputador	☐ Impressora	☐ Datashow
☐ Internet	☐ Office Completo	☐ Access
☐ Word	☐ Excel	☐ Outros: _____

VI - ARRUMAÇÃO DAS SALAS:

☐ Formato U	☐ Formato Círculo	☐ Formato Espinha de Peixe
☐ Formato Escolar	☐ Formato Mesa Comprida	☐ Formato Escritório
☐ Cadeiras	☐ Cadeiras e Mesas	☐ Cadeiras com Prancheta
☐ Mesa para Professor	☐ Outros: _____	
☐ Mesa para Autoridades	☐ Quantidade de Lugares: _____	

VII - MATERIAL PERSONALIZADO: (SOB ENCOMENDA)

☐ Faixa	☐ Banner	☐ Bloco de Anotação
☐ Cartazes	☐ Folder	☐ Pasta de nylon preta
☐ Crachá	☐ Prismas	☐ Outros: _____

VIII - MATERIAL GRÁFICO:

☐ Cópias P&B até 500	☐ Cópia P&B acima de 500
☐ Copia Colorida até 500	☐ Cópia Colorida acima de 500

IX - MATERIAL DE CONSUMO:

☐ Lápis	☐ Caneta	☐ Borracha
☐ Pincel Atômico	☐ Caneta para Quadro Branco	☐ Caneta para transparência
☐ Giz	☐ Transparência	☐ Resma de Papel
☐ Tesoura	☐ Cola	☐ Régua
☐ Kit Institucional (Pasta de elástico, caneta, lápis, borracha,)	☐ Outros: _____	

X - APOIO DE FILMAGEM E GRAVAÇÃO:

☐ Gravação em Áudio	☐ Gravação em Vídeo
☐ Cópia de Fita de Vídeo	☐ Cópia de Fita Cassete
☐ Degravação de Fita de Vídeo	☐ Degravação de Fita Cassete
☐ Fotos do evento com exposição no local	☐ Fotos do evento com entrega posterior de álbum

XI - ALIMENTAÇÃO:

☐ Coffee Break Institucional (café, biscoitos)	☐ Coffee Break Especial
☐ Brunch	☐ Café da Manhã
☐ Almoço Simples (self service)	☐ Almoço Especial (por pessoa)
☐ Jantar	☐ Coquetel
☐ Garrafas de Café	☐ Garrafas de Chá

XII – ESPAÇO FÍSICO::

☐ Auditório	☐ Pátio
☐ Sala de Microcomputador	☐ Sala de Reunião
☐ Sala de Aula	☐ Quantidade: _____
☐ Outros: _____	

XIII – TAXA DE ADMINISTRAÇÃO:

☐ Órgão Interno	☐ Órgão Externo

XIV – OBSERVAÇÕES:

_____
_____
_____
_____
_____
_____
_____
_____
_____
_____
_____
_____
_____
_____
_____
_____
_____

FORMULÁRIO 2

Estimativa de Custos para realização de Eventos

I - INFORMAÇÕES BÁSICAS:

Evento:		Nº:
Período:		Nº Participantes:
Órgão:		
Valor Total do Evento:	R$	Data : / /

II – RECURSOS HUMANOS:

CARGO	QUANTIDADE	QUANTIDADE DE HORAS	VALOR HORA	VALOR TOTAL
Valor Total				

III - RECURSOS ÁUDIO VISUAIS:

EQUIPAMENTO	QUANTIDADE	QUANTIDADE DE DIAS	VALOR DIA	VALOR TOTAL
Valor Total				

IV - EQUIPAMENTO DE INFORMÁTICA:

EQUIPAMENTO	QUANTIDADE	QUANTIDADE DE DIAS	VALOR DIA	VALOR TOTAL
Valor Total				

V - MATERIAL PERSONALIZADO: (SOB ENCOMENDA)

MATERIAL (ESPECIFICAÇÃO)	QUANTIDADE	PREÇO UNITÁRIO	VALOR TOTAL
Valor Total			

VI - MATERIAL GRÁFICO:

CÓPIAS (ESPECIFICAÇÃO)	QUANTIDADE	PREÇO UNITÁRIO	VALOR TOTAL
Valor Total			

VII - MATERIAL DE CONSUMO:

MATERIAL (ESPECIFICAÇÃO)	QUANTIDADE	PREÇO UNITÁRIO	VALOR TOTAL
Valor Total			

VIII- APOIO DE FILMAGEM E GRAVAÇÃO:

TIPO DE SERVIÇO	QUANTIDADE DE PARTICIPANTES	PREÇO UNITÁRIO	VALOR TOTAL
Valor Total			

IX - ALIMENTAÇÃO:

TIPO DE SERVIÇO	QUANTIDADE DE PARTICIPANTES	PREÇO UNITÁRIO	VALOR TOTAL
Café da Manhã			
Coffee Break			
Brunch			
Almoço			
Jantar			
Valor Total			

X – ESPAÇO FÍSICO::

LOCAL	QUANTIDADE DE DIAS	VALOR DIA	VALOR TOTAL
Valor Total			

XI – DIÁRIAS E PASSAGENS:

DESLOCAMENTO	QUANTIDADE	PREÇO UNITÁRIO	VALOR TOTAL
Valor Total			

XII – PREVISÃO DE DESPESAS:

	DESCRIÇÃO	VALOR
II	Recursos Humanos:	
III	Recursos Audiovisuais	
IV	Equipamento de Informática	
V	Material Personalizado	
VI	Material Gráfico	
VII	Material de Consumo	
VIII	Filmagem e Gravação	
IX	Alimentação	
X	Espaço Físico	
XI	Deslocamento (diárias e passagens)	
Subtotal		
	Reserva Técnica 15%	
	Taxa de Administração	
Total Geral		

FORMULÁRIO 3

Check List de execução de Evento

Data: _____ / _____ / _____

I - INFORMAÇÕES BÁSICAS:

Evento:	Nº:
Período:	Nº Participantes:
Órgão:	

ATIVIDADES	SOLICITADO	AGUARDANDO	PROVIDENCIADO
Arrumação:			
Cadeiras e Mesas			
Mesa para café			
Mesa para Coffee-Break			
Quadro Branco			
Quadro Negro			
Flip Chart			
Micro Computador			
Impressora			
Datashow			
Retroprojetor			
Tela de projeção			
Televisão			
Aparelho de Som			
Vídeo Cassete			
Material de Consumo:			
Caneta para Flip Chart			
Caneta para Transparência			
Caneta para Quadro branco e Apagador			
Giz e Apagador			
Transparência			
Papel na Impressora			
Disquete para computador			
Blocos de rascunho			
Caneta esferográfica			
Lápis			
Borracha			
Decoração:			
1 – Café			
Toalha			
Sobre toalha			
Arranjo			
Copos de café			
Balinhas de hortelã			
Guardanapo			
Lata de lixo			
Açucareiro			
Adoçante			
Garrafa de Café Doce			

Organização de Eventos

Garrafa de Café Amargo			
Prisma de Identificação de café			
Colher ou Mexedor			
2 – Mesa de Coffee Break			
Mesa para comida			
Mesa para café			
Mesa para sucos e refrigerantes			
Toalhas			
Sobre toalhas			
Arranjos (1 grande e vários pequenos)			
Guardanapo			
Louças (pratos, xícaras e copos)			
Talheres			
Prismas de identificação de bebidas			
Adoçante			
Açucareiro			
3 – Mesa de Refeição			
Mesa para comida (buffet)			
Mesa para café			
Mesa para convidados			
Toalhas			
Arranjos (se for o caso)			
Pratos			
Talheres			
Guardanapo			
Copos			
Material do Evento:			
Folder			
Cartazes de Divulgação			
Pastas			
Crachás (em ordem alfabética e conferido)			
Prismas (em ordem alfabética e conferido)			
Bloco de Anotação			
Cerimonial:			
Para o Mestre de Cerimônia:			
Discurso de abertura			
Discurso de encerramento			
Mini currículo das autoridades			
Ordem de precedência das autoridades			
Iluminação para tribuna			
Microfone testado			
Folder ou material sobre o evento			
Bloco de anotação			
Copo para água			
Caneta			
Guardanapo			
Para as autoridades:			

235

Lista dos participantes da mesa			
Microfone testado			
Folder ou material sobre o evento			
Bloco de anotação			
Copo para água			
Caneta			
Guardanapo			
Para as recepcionistas:			
Bloco de anotação			
Caneta			
Folder e material sobre o evento			
Mapa dos locais do evento			
Lista das autoridades presentes			
Lista dos participantes			
Horário das refeições			
Cardápio			
Para o garçom:			
Folder			
Preferência das autoridades			
Xícaras			
Colher de café			
Copos de vidro			
Bandejas			
Guardanapos			
Água Mineral			
Água com gás			
Café Doce			
Café Amargo			
Adoçante			
Açúcar			
Filmagem:			
Filmagem			
Gravação			
Fotografia			
Viagem:			
Reserva			
Passagem (ida e volta)			
Diária			
Hospedagem			
Condução na cidade			

FORMULÁRIO 4

Cadastro de Autoridades

Dados:	
Nome:	
Cargo:	
Pessoal:	
Endereço:	
Telefone	Celular:
Fax:	E.mail:
Data de Aniversário:	Naturalidade:
Órgão:	
Secretárias:	
Telefone:	Fax:
E.mail:	
Endereço:	
Eventos que já participou	

Cadastro de Autoridades

Dados Profissionais:	
Nome:	
Cargo:	Tempo no Cargo:
Órgão:	
Cargo Anterior:	
Mini Currículo:	
Publicações:	
Hobby:	

☐ **Café:** ☐ Sem açúcar ☐ Com açúcar ☐ Com adoçante ☐ Não toma

☐ **Chá:** ☐ Sem açúcar ☐ Com açúcar ☐ Com adoçante ☐ Não toma

☐ **Água:** ☐ Gelada ☐ Natural ☐ Com gás ☐ Não toma

FORMULÁRIO 5

Avaliação dos Colaboradores

Data: _____/_____/_____

Nome:	
Cargo:	Período:
Evento:	

Avaliação

ATIVIDADES	ÓTIMO	REGULAR	PÉSSIMO
Apresentação:			
Traje (limpo, passado, adequado)			
Cabelo (amarrado e limpo)			
Sapatos (limpos e engraxados)			
Unhas (limpas)			
Comportamento:			
Educado (boas maneiras)			
Postura em pé			
Obediência			
Conhecimento Cognitivo			
Relacionamento com os colegas			
Postura profissional:			
Pronto Atendimento			
Conhecimento do evento			
Interesse			
Atendimento aos participantes			
Atendimento aos membros da equipe			
Colaboração			

Observações:

_____

_____

_____

Pode ser requisitada para situações mais complexas:

_____

_____

Avaliador

ORGANIZAÇÃO DE EVENTOS

FORMULÁRIO 6

Pedido de Ligação

Data: _____/_____/_____

Evento:
Atendente:

Controle de Ligações

NOME DO PARTICI-PANTE	HORÁRIO	DESTINATÁRIO	DDD	TELEFONE	INÍCIO	TÉRMINO	OBSERVAÇÕES

FORMULÁRIO 7

Pedido de Cópia

Data: _____/_____/_____

Evento:
Atendente:

Controle de Cópias

NOME DO PARTICI-PANTE	HORÁRIO	NÚMERO DE ORIGINAIS	NÚMERO DE CÓPIAS	GRÁFICA	SECRETARIA	RECEBIDO	EM ANDAMENTO	ENTREGUE

FORMULÁRIO 8

Avaliação do Evento

Data: _____/_____/_____

Evento:

Avaliação

ATIVIDADES	ÓTIMO	REGULAR	PÉSSIMO
Da Logística:			
Estacionamento			
Sala de Aula			
Iluminação			
Banheiros			
Ventilação			
Dos equipamentos:			
Microcomputador e datashow			
Televisão, Vídeo Cassete e Aparelho de Som			
Flip Chart			
Quadro Negro			
Retroprojetor			
Do Atendimento:			
Pronto Atendimento			
Educação			
Colaboração			
Do Conteúdo:			
Adequação aos objetivos			
Carga horária			
Do professor:			
Domínio do assunto			
Clareza na explicação			
Utilização de recursos e dinâmicas			
Respostas às perguntas			

Observações:

_____

_____

_____

Respondeu às suas expectativas? _____

Capítulo 6

Elaboração de projetos de eventos

OBJETIVO DESTE CAPÍTULO

Demonstrar as vantagens de conhecer e dispor de planos, projetos, atividades, destinados à realização de qualquer empreendimento de forma escrita, detalhada e ordenada de modo lógico e de fácil acesso.

PROJETO

É a palavra mágica usada pelo *promoter* de eventos a cada instante frente à realização de eventos.

O projeto auxilia na aprovação deste ou daquele tipo de evento, pois contém informações detalhadas e precisas sobre a ideia do evento.

Por ser um assunto tão importante para o organizador de eventos, apresentamos alguns aspectos relativos a projetos, que o auxiliarão na apresentação ordenada, lógica e coerente de suas ideias aos parceiros, patrocinadores, apoios, entre outros:

1. Conceitos básicos;
2. Etapas de um Projeto – principais preocupações na elaboração;
3. Aspectos multidisciplinares do Projeto: Mercado, Técnico, Tecnológico, Produção, Realização Física, Jurídica, Gerencial, Financeira, Contábil;
4. Técnicas para a avaliação e decisão;
5. Roteiro básico para elaboração de um Projeto.

1 - CONCEITOS BÁSICOS

EMPREENDIMENTO

Empreendimento é o conjunto de ações articuladas que permite tornar realidade uma ideia. Isto vale para qualquer situação, como por exemplo:

NO PLANO PESSOAL - fazer uma viagem, promover uma festa, adquirir um bem patrimonial etc.

NO PLANO EMPRESARIAL - implantar uma fábrica, deslocar um concorrente do mercado, fazer o lançamento de um novo produto etc.

Na maioria das vezes as chamadas ações articuladas acontecem por força do improviso, do impulso, da sorte, da necessidade e raramente são planejadas, acompanhadas e avaliadas. Sucessos e fracassos ocorrem e são poucas as pessoas que procuram "programar" o seu futuro.

Quando há uma tentativa consciente de buscar cenários futuros, diferentes dos vivenciados no momento, tanto empresas como pessoas se utilizam do PLANEJAMENTO, dos PROGRAMAS, dos PROJETOS, das ATIVIDADES.

PLANEJAMENTO

Considerando os aspectos anteriormente apresentados, conceituamos planejamento como um processo desenvolvido para alcançar uma situação desejada, de modo mais eficiente e efetivo, com a menor concentração de esforços e recursos pela empresa.

O processo de planejar envolve um salutar "modo de pensar", envolve indagações, que, por sua vez, envolvem questionamentos do tipo:

- O que será feito?
- Como?
- Quando?
- Por quem?
- Para quem será feito?

O planejamento exige, de modo geral, um detalhamento de programas, em planos ou projetos.

A seguinte tabela dá um exemplo dessa concepção aplicada a uma atividade empresarial:

Sistema de Planejamento

PROGRA-MAS	MERCADOLÓ-GICO	FINANCEI-RO	RECURSOS HUMANOS	ORGANIZACIONAL
PLANOS OU PROJETOS	Preços e produtos	Custos	Recrutamento e seleção	Sistemas
	Promoção	Investimentos	Treinamento	Estrutura organizacional
	Vendas	Compras	Cargos e salários	Rotinas administrativas
	Distribuição	Fluxo de caixa	Promoções	Informações gerenciais
	Pesquisa de mercado	Orçamentos	Capacitação interna	Comunicações

PROGRAMA

É o conjunto de projetos que caracterizam etapas importantes do planejamento.

PROJETOS

Para a realização dos diversos programas desencadeados pelo processo de planejamento, são necessárias a elaboração, a análise e a aprovação prévia dos projetos.

São várias as definições de PROJETO encontradas nas publicações especializadas:

- PROJETO é a explanação da expectativa das vantagens e desvantagens econômicas derivadas do fato de propor a destinação de recursos para a implantação de um empreendimento, com o objetivo de produzir ou comercializar determinados bens e serviços.
- PROJETO é o conjunto de antecedentes que permite avaliar as vantagens e desvantagens econômicas de destinar recursos do país à produção de bens ou serviços.

- PROJETO é o conjunto de programas ou atividades (técnicas, administrativas e financeiras) não rotineiras, cujo objetivo final é a obtenção de determinado(s) produto(s) dentro de parâmetros pré-estabelecidos.
- PROJETO é o conjunto de estudos e realizações físicas, abrangendo desde a concepção inicial de uma ideia até a concretização na forma de um empreendimento em operação.
- PROJETO é o conjunto de dados/informações técnicas – *design*, incluindo especificações, desenhos, planos, manuais etc. – para definir o escopo e o parâmetros de um empreendimento e orientar a execução das atividades de procura, construção, montagem e operação.

PROJETO é o conjunto de informações sistematicamente ordenadas (geralmente sob a forma de relatório) para descrever e comparar as vantagens e desvantagens de um empreendimento (geralmente visa obter apoio e aprovação legal ou financeira).

A partir das definições acima, conceituaremos o projeto de forma dinâmica, ou seja: o conjunto de atividades que se desdobram desde sua concepção até o encerramento das atividades de um evento.

O projeto é considerado um trabalho com datas de início e término estabelecidas, custo previsto para cada tarefa ou atividade, coordenador responsável (administrador do projeto), resultado final pré-determinado, onde são colocados os recursos necessários ao seu desenvolvimento e realização.

ATIVIDADE

É a menor unidade ou parte de um projeto. Para eventos, podemos exemplificar algumas atividades: secretária, atividades principais, viagens e locomoções, segurança e infra-estrutura; recepção, hospedagem e alimentação etc.

ADMINISTRAÇÃO DE PROJETO

É o esforço no sentido de melhor colocar os recursos tendo em vista atingir os objetivos estabelecidos.

VANTAGENS DA ELABORAÇÃO DE PROJETOS

Ter uma memória referencial e detalhada do evento que se quer realizar. Além disso, o conhecimento prévio do que pode ocorrer, possibilita ao empreendedor avaliar e tomar a decisão mais acertada quanto à concepção de todas as ideias pertinentes ao projeto. É um instrumento de muita valia para comparar o desempenho realizado com o projetado, para fazer correções e avaliar a gestão do projeto.

2 - ETAPAS DE UM PROJETO

PRINCIPAIS PREOCUPAÇÕES DA ELABORAÇÃO

Os projetos, no caso de eventos, percorrerão quatro etapas, distribuídas por duas fases:

FASE I – Caracterização

Etapas 1) Concepção

2) Elaboração e Análise / Decisão

FASE II – Execução

Etapas 1) Implantação

2) Operação / Realização

Estas etapas, na prática, são interdependentes.

O quadro a seguir mostra os desdobramentos de cada um dos estágios.

CARACTERIZAÇÃO		EXECUÇÃO	
CONCEPÇÃO	**ELABORAÇÃO E ANÁLISE/DECISÃO**	**IMPLANTAÇÃO**	**OPERAÇÃO/ REALIZAÇÃO**
• Identificação do problema-alvo. • Estudos preliminares. • Definição de ideias, objetivos, desafios e metas a serem alcançadas. • Caracterização do ambiente do projeto. • Definição e parâmetros de avaliação do projeto.	• Ante-projetos que permitam decisão de dotações de recursos para estudos mais avançados e preferenciais entre as realizações possíveis. • Projeto Básico definindo objetivos e orçamento. • Análise de Usos e Fontes (Programação e Alocação dos Recursos). • Viabilização em termos de mercado, aspectos técnicos e resultados econômicos financeiros. • Detalhamento organizacional gerencial. Negociação e combinação dos recursos necessários. • Formalização da decisão.	• Recrutamento do pessoal. • Seleção de fornecedores. • Captação de recursos. • Compras. • Inspeção e diligenciamento. • Projetos básicos e detalhamentos de engenharia. • Orçamento detalhado. • Contratações. • Assistência técnica e tecnológica. • Construção civil. • Fiscalização. • Montagem. • Treinamento. • Capital de giro inicial. • Demobilização da implantação. • Testes. • Start up. • Venda do evento. • Atividades de secretária e recepção.	• Capital de giro. • Manutenção. • Mercado. • Administração. • Resultados. • Fluxo de caixa. • Acionistas • Expansões. • Exportações. • Comercialização. • Recursos humanos. • Controles. • Avaliação final.

As principais preocupações da Elaboração de Projetos situam-se em três pontos básicos:

a) Fornecer dados e informações para auxiliar na decisão;
b) Ter riqueza de detalhes que possibilitem a correta implantação;
c) Fornecer orientações para avaliação de desempenho da operação/realização.

O processo de decisão é crucial para a transformação da etapa de concepção em realização. E mais, a decisão deve ensejar uma realização de sucesso.

Por esta razão, ao elaborar os projetos não se pode negligenciar quanto aos aspectos qualidade, detalhamento e precisão de dados e informações. É fundamental que a equipe encarregada de elaborar o projeto obtenha dos patrocinadores do evento todos os detalhes do objetivo a ser perseguido.

Da mesma forma, é importante registrar todas as atividades, seus desdobramentos e interligações, custos e possíveis formas de geração de recursos.

A riqueza de detalhes, fruto da experiência e da correta obtenção e ordenamento das informações, certamente vai permitir que, na fase de execução, os responsáveis pelas diversas atividades tenham um referencial adequado para consulta e orientação.

Finalmente, a elaboração de projetos tem por objetivo fornecer elementos para avaliação de desempenho das etapas de operação e realização. Ao se examinar os aspectos que indicam o sucesso de determinados projetos, levam-se em consideração alguns itens:

- cumprimentos dos prazos previstos;
- enquadramento aos custos pré-estabelecidos;
- cumprimento da qualidade técnica esperada;
- cumprimento das exigências de viabilidade;
- cumprimento do equilíbrio ao longo do projeto;

- aumento ou, pelo menos, manutenção da rentabilidade da empresa;
- aumento ou, pelo menos, manutenção da captação de oportunidades de negócios.

Sem dúvida, em termos práticos, é válido dizer que o projeto tem uma grande amplitude, caminhando de sua concepção até a realização. É lógico que a ELABORAÇÃO corresponde à explanação da ideia do projeto, expandida pelas informações e dados ordenados de modo a atingir:

a) o processo de decisão e, se aprovado,...

b) orientar a implantação e...

c) servir de suporte para a avaliação da operação/realização.

A função do técnico ou analista encarregado pela elaboração de projetos é apurar informações, levantar dados, processar estes dados e informações e emitir seu parecer eminentemente técnico sem qualquer compromisso ou constrangimento por empatias, laços de amizade, pressões políticas ou de qualquer natureza. Deve respeitar, acima de tudo, sua consciência profissional.

Dentro deste enfoque, independentemente de porte, tipo e complexidade do projeto ou atividades, os técnicos ou analistas de projetos deverão ter razoável conhecimento dos principais aspectos administrativos e organizacionais existentes em uma empresa, mesmo que tal prática contrarie sua formação acadêmica. Isto contribuirá bastante no seu convencimento a respeito da viabilidade, méritos e exequibilidade do projeto.

3 - ASPECTOS MULTIDISCIPLINARES DO PROJETO

Aqui cabe um parêntese para um breve comentário sobre a constituição de equipes para análise de projetos. O ideal seria a convocação de especialistas para cuidar dos diversos aspectos da análise, como por exemplo:

- Engenheiro, Agrônomo, Zootécnico, Químico, Estatístico, Aduário

Para aspectos técnicos, de processo e de custos na implantação, operação e modernização.

- Economista

Para estudos e conclusões sobre o mercado interno e externo.

- Contador

Para análise patrimonial, econômica e financeira retrospectiva e prospectiva.

- Advogado

Para aspectos jurídicos.

- Administrador

Para diagnóstico administrativo e organizacional.

- Profissional de Marketing

Para equacionar questões de produto, consumidor, canais de distribuição, programação de imagens da empresa e de seus produtos.

Para o caso de EVENTOS, dependendo de sua finalidade, teríamos uma enorme quantidade de profissionais, tais como ARQUITETOS, DECORADORES, COMUNICADORES, PSICÓLOGOS, COZINHEIRO, SEGURANÇA etc., cujo conhecimento técnico se constitui em fator primordial para o sucesso da elaboração do projeto.

Esses profissionais – independentemente de sua especialidade – que se dedicarem a elaborar (escrever o projeto) deverão ter consciência dos aspectos multidisciplinares que caracterizam os projetos.

Podemos resumir estes aspectos nos seguintes grandes itens:

3.1 Mercado;

3.2 Técnico/ Tecnológico;

3.3 Produção/ Realização Física;

3.4 Jurídico;

3.5 Gerencial;

3.6 Financeiro/ Contábil.

Vamos caracterizar os pontos principais de cada um deles:

3.1 - MERCADO

Quando falamos em realização de um evento, algumas questões são básicas: Que evento? Para quem? Com que objetivo?

No âmbito dos negócios, entendemos que qualquer evento – ainda que indiretamente – tem sua realização para um resultado comercial.

Vamos exemplificar alguns tipos de evento: CURSOS, SEMINÁRIOS, PALESTRAS, EXPOSIÇÕES, FEIRAS, TORNEIOS ESPORTIVOS, ATIVIDADES CULTURAIS etc. Cada um destes eventos tem um público alvo, seu mercado.

É lógico imaginar que, se não houver um mercado definido, interessado, a ser beneficiado com sua realização, não se justificaria o evento.

De certo modo, o tamanho e a característica do mercado devem ser identificados para se ter uma ideia do tamanho e do grau de satisfação do evento a se realizar. Ao elaborar o projeto, este aspecto deve ficar bem evidenciado.

3.2 - TÉCNICO/ TECNOLÓGICO

Conhecidos o mercado, suas características e os objetivos dos empreendedores do evento e ainda as possibilidades de recursos, será necessário definir as condições técnicas e tecnológicas para operacionalizar o projeto. Assim, é indispensável que na Elaboração do Projeto sejam especificadas cada uma das atividades necessárias para implantar e operacionalizar o evento, considerando, inclusive, a identificação do que é possível contar com pessoal e equipamento próprios e, ainda, quais especialistas será necessário contratar.

Os aspectos técnicos envolvem considerações sobre a seleção entre os diversos processos de produção, a engenharia do projeto, o arranjo físico e o funcionamento dos equipamentos.

Os aspectos tecnológicos dizem respeito ao domínio do "como fazer", de forma mais eficiente, eficaz e econômica, cada uma das atividades do projeto, seja na implantação, seja na operação.

3.3 - PRODUÇÃO/ REALIZAÇÃO FÍSICA

Da mesma forma, a produção ou realização física do evento exigirá detalhes como local, pessoal de apoio à recepção, segurança, cozinha, som, imagem etc., equipamentos especiais e outros detalhes de infra-estrutura.

É importante detalhar no projeto quais os recursos humanos e materiais disponíveis no promotor do evento e quais recursos deverão ser adquiridos no mercado.

Por outro lado, é importante fazer um cronograma de realização física, onde as diversas atividades sejam listadas em ordem prioritária e estabelecidas datas de início e final de cada realização.

Isto pode ser organizado em um quadro de dupla entrada, a que chamamos QUADRO DE USOS ou APLICAÇÕES DO PROJETO.

PERÍODOS ATIVIDADES	ANO 20XY					
	JAN	FEV	MAR	ABR	MAI	JUN
TOTAL						

Aproveite o quadro para exercitar uma sequência lógica de evento.

3.4 - ASPECTOS JURÍDICOS

Os aspectos jurídicos tendem a apresentar uma relação indireta com o projeto: a forma societária da empresa, quais são os sócios, sua nacionalidade etc. Isto pode influenciar, por exemplo, na obtenção de recursos.

Uma implicação mais direta ocorre quando os promotores de eventos têm de assinar contratos com fornecedores, prestadores de serviço, financiadores, patrocinadores etc.

É importante registrar na elaboração dos projetos as possíveis implicações jurídicas do evento, sendo as mais comuns: autorizações de prefeituras, licenças e/ou autorizações dos órgãos do meio ambiente, possíveis relações trabalhistas e até cuidados de natureza tributária e policial.

Recomenda-se, portanto, quando a magnitude do evento existir, o parecer e acompanhamento de um jurista no projeto.

3.5 - ASPECTO GERENCIAL

Diferentemente das empresas, onde as atividades exigem um comportamento profissional de todos os envolvidos no projeto, os eventos, em muitas ocasiões, são promovidos e realizados de modo altruísta, na base do idealismo ou do empenho por amizade ou colaboração.

Qualquer que seja o evento – de uma festa junina a uma convenção internacional de altos executivos - os participantes terão um senso crítico e um grau de exigência elevados. Assim sendo, espera-se que as "coisas funcionem" e, para isso, é necessário que haja GERÊNCIA.

Assim, na elaboração dos projetos de eventos, deverá ser evidenciado, para cada atividade, um coordenador. Os coordenadores de atividade deverão ficar subordinados a um Gerente de Projetos ou Coordenador Geral do Evento.

Considerando que estas pessoas irão obter resultados através do trabalho de outras pessoas, é importante prever a necessidade de treinamento gerencial.

O gerente de projeto deve estar ciente de que, se o projeto sob sua responsabilidade não for implantado de maneira adequada, podem ocorrer problemas na produção/operação.

Existem determinadas recomendações para o gerente de projeto tendo em vista o bom andamento dos trabalhos:

- concentrar os esforços nos resultados esperados do projeto;
- ser flexível dentro de uma medida razoável;
- envolver os níveis hierárquicos superiores, com o objetivo de conseguir o apoio necessário à elaboração e à implantação do projeto;
- ter adequado e realizado sistema de informação;
- manter contato direto com as pessoas envolvidas no projeto;
- fazer adequada distribuição de tarefas entre seus subordinados;
- manter racionalidade nos dispêndios inerentes ao projeto, gastando onde realmente for necessário;
- manter situação realista, não se voltando para o otimismo ou o pessimismo;
- incentivar críticas e debates pelos colaboradores (empregados e contratados) quanto ao desenvolvimento do projeto;
- manter coerência em suas atitudes e decisões;
- resolver os problemas de conflitos inerentes ao projeto;
- gerenciar, é lógico!!

Estas características serão exigidas ao se traçar o perfil do Gerente do Projeto que poderá ser escolhido na empresa ou contratado especialmente para o projeto.

3.6 - FINANCEIRO/ CONTÁBIL

Na elaboração do projeto é importante definir as fontes de recursos que irão suportar as variadas aplicações exigidas pelas diversas atividades do projeto, inclusive o seu custo financeiro.

Tradicionalmente, as empresas costumam reservar uma verba para evento em seu orçamento anual. Todavia, na maioria dos casos, eventos são promovidos sem um esquema de fontes pré-estabelecido, verificando-se improvisações e surpresas de última hora.

Recomenda-se não se aprovar qualquer projeto sem prévia definição e equacionamento de fontes de recursos. São usuais:

- verba orçamentária;
- apoio;
- patrocínio via propaganda/publicidade;
- apoio e colaboração de instituições;
- redução de custos em troca de benefícios (ex: agências de viagens, hotéis, restaurantes);
- financiamentos;
- fornecedores;
- receita de bilheteria e vendas de produtos durante o evento;
- receita de matrículas.

Assim como sugerimos elaborar um cronograma para as aplicações de recursos (usos do projeto), deve ser elaborado um quadro de fontes do projeto, como a seguir:

PERÍODOS *FONTES*	JAN	FEV	MAR	ABR	MAI	JUN
TOTAL						

Sugerimos aproveitar o quadro apresentado para relacionar possíveis fontes para um evento. Relativamente aos aspectos contábeis, temos que considerar alguns pontos em relação ao promotor do evento:

EMPRESA – normalmente já possui contabilidade e tesouraria organizadas e o evento, por meio da documentação correspondente, entra no fluxo normal dos registros contábeis da empresa, merecendo destaque apenas para fins de controle e avaliação.

NÃO EMPRESA – é necessário prever a necessidade de uma tesouraria e de uma pequena estrutura contábil (plano de contas) aplicada ao evento. Isto é melhor detalhado no capítulo "MODELOS DE PLANEJAMENTO FINANCEIRO E FORMULÁRIOS DE CONTROLE DE UM EVENTO".

Na da elaboração de projetos é importante detalhar as fontes que exigirão controle e acompanhamento dos gastos realizados (e a que nível), de modo que a contabilidade da empresa (ou a estrutura contábil criada para o evento) possa se programar para atender às referidas exigências.

Da mesma forma é importante preparar a tesouraria e sua contabilidade de modo a facilitar a geração de informações que permitam futura avaliação econômico-financeira do evento.

Ao elaborar o projeto, devem-se estabelecer dois outros instrumentos para facilitar a decisão:

- fluxo de caixa projetado para o evento;
- projeção do resultado do evento.

Ambos os quadros são objeto do capítulo "MODELOS DE PLANEJAMENTO FINANCEIRO E FORMULÁRIOS DE CONTROLE DE UM EVENTO".

4 - TÉCNICAS PARA AVALIAÇÃO E DECISÃO

As análises quantitativas referentes à decisão de investir são feitas a partir das projeções do projeto.

Os órgãos financeiros do projeto estarão interessados em análises que permitam verificar a viabilidade financeira do empreendimento. Qual será a capacidade de pagamento do evento? O somatório das receitas será suficiente para pagar os custos e despesas? Permitirão a devolução dos recursos financiados?

Para os empreendedores, além da viabilidade financeira, será interessante verificar a existência de eventual viabilidade econômica, isto se a taxa de rentabilidade (relação entre lucro líquido apurado e o local dos recursos próprios investidos) se apresenta acima da taxa de oportunidade dos empreendedores.

É evidente que esta análise poderá ser mais sofisticada em função da importância da decisão para a empresa. As convenções mais utilizadas são:

- Valor do Fluxo de Caixa descontado à taxa de oportunidade (valor atual líquido);
- Rentabilidade do Capital Próprio Investido;
- Cálculo do Faturamento de Equilíbrio.

A decisão de realizar um evento não é apenas função da avaliação econômico-financeira. Outros aspectos de natureza subjetiva devem ser levados em consideração, tais como:

- vontade política;

- prazer pessoal;
- vantagens institucionais;
- abertura de novos espaços comerciais;
- mérito social.

Ao elaborar o projeto, cada um destes aspectos deve ser evidenciado e ponderado com riscos potenciais do projeto, tendo em vista que o volume de informações envolvido é muito grande e os valores são projetados no futuro.

Algumas medidas podem minimizar o risco no projeto:

- estimativas rurais cuidadosas;
- ajustes empíricos;
- ajuste da taxa de desconto;
- fazer testes de sensibilidade.

5 - ROTEIRO BÁSICO

Os projetos serão elaborados obedecendo a um roteiro mais ou menos lógico, de modo a facilitar o entendimento de todas as pessoas envolvidas na realização do evento. Este roteiro não deve ser considerado uma "camisa de força" ou uma "receita de bolo".

Os eventos têm características episódicas e, por esta razão, qualquer roteiro deve ser adaptado em função de suas aplicações e ao cronograma de realização.

Sugerimos alguns modelos que poderão ser adaptados a diversos tipos de eventos:

MODELO I

I. CARACTERÍSTICAS DO EVENTO;
II. OBJETIVO;
III. ASPECTOS DE MERCADO;

IV. ASPECTOS TÉCNICO/TECNOLÓGICOS;
V. ASPECTOS DE PRODUÇÃO/REALIZAÇÃO FÍSICA;
VI. ASPECTOS JURÍDICOS;
VII. ASPECTOS DE GERÊNCIA E ORGANIZAÇÃO;
VIII. ASPECTOS FINANCEIROS;

- Quadro de usos e fontes;
- Financiamentos;
- Projeção de resultados;
- Fluxo de caixa;
- Cálculo do valor atual do projeto;
- Ponto de equilíbrio.

IX. Méritos e riscos do evento;
X. Recomendações para:

- Aprovação ou não;
- Implantação;
- Operação/Realização;
- Controles e Contabilidade.

MODELO II

1. Capa
2. Pasta para a apresentação do projeto
3. Folha de rosto
4. Índice ou sumário
5. Apresentação do projeto

Deve conter: O QUE, PARA QUEM, O PORQUÊ, O COMO, ONDE, QUANDO

(fornecer um mini-histórico)

6. Justificativa

7. Pesquisa de mercado ou comunidade

8. Local de realização:
- breve histórico sobre a escolha do local
- especificação do critério de seleção
- facilidade de acesso;
- condução / mapa de localização / anexos

8.1. Infra-estrutura necessária

9. Data de realização

10. Horário

10.1. Breve histórico sobre a escolha da data e horário, justificando.

11. Número de participantes

12. Análise do público alvo

13. Patrocínio / apoio / colaboração / permuta / participação

14. Oportunidade de marketing

14.1. Assessoria de imprensa

14.2. Publicidade e propaganda

14.3. Material de merchandising

15. Inscrições

16. Premiações

17. Comissão organizadora

17.1. Número de pessoas

17.2. Responsabilidade

17.3. Critério de seleção

18. Plano de ação (breve histórico de como será executado o evento)

19. Mensagem da comissão organizadora

20. Histórico do evento anterior

21. Planejamento financeiro

21.1. Histórico

22. Matrícula ou custo por pessoa

MODELO III

1. Apresentação

2. Folha de rosto (nome do evento)

3. Justificativa

4. Objetivos do evento

5. Detalhamento do projeto (evento)

6. Temário

7. Articulação do conteúdo (se for o caso, apresentar a logicidade do conteúdo)

8. Pessoas convidadas
    - para abertura e encerramento
    - para fazer a exposição do conteúdo

9. Definição de responsabilidade da equipe organizadora

10. Divulgação (plano de mídia)

11. Cronograma geral do evento

12. Previsão orçamentária

13. Estudo (análise de coleta de preços)
    - apresentação do levantamento dos preços levantados de tudo sobre o evento.

14. Análise criteriosa da escolha do local de realização

15. Outros itens (de acordo com o tipo de evento)

MODELO IV

1. Identificação do projeto
    - patrocinador
    - duração prevista
    - início
    - término
2. Descrição sumarizada do projeto (OBJETIVOS)
3. Benefícios esperados
4. Pré-requisitos
5. Riscos
6. Equipe (composição)
7. Atividades
8. Recursos necessários (pessoal, hardware, software etc)
9. Custos estruturados
10. Cronograma operacional/financeiro

MODELO V

1. Identificação da atividade
    - nome do projeto
    - nome da atividade
    - duração prevista
    - início
    - término
    - periodicidade
2. Descrição sumária
3. Pré-requisitos
4. Tarefas
    - descrição das tarefas

- responsável
- data início
- data término
- situação

5. Resultados
6. Riscos
7. Equipe
8. Recursos necessários
9. Custos estimados

Capítulo 7

Modelos de planejamento financeiro e formulários de controle de um evento

Administração econômica e financeira do evento

Planejamento financeiro é o esforço de previsão de ingressos e saídas de recursos financeiros.

O orçamento é a peça básica do evento; se a despesa ultrapassar a receita logicamente, o evento dará prejuízo. A previsão orçamentária precisa ser feita com, pelo menos, três orçamentos, com o objetivo de comparar preços, avaliar qualidade e melhores condições de realização.

Definidos os itens do evento que irão compor o orçamento e escolhida a empresa prestadora de serviços, o orçamento começará a ser delineado.

Deverão ser captados os seguintes itens para orçamento:

- serviços para apoio operacional: aluguel do espaço físico, infra-estrutura para montagem das salas;
- serviços para apoio logístico: material de secretaria, equipamentos audiovisuais, elétricos e eletrônicos, decoração;
- pessoal de apoio: recepcionistas, *office-boy*, secretárias, mestre de cerimônia, entre outros;
- serviços de terceiros: segurança, manobrista, fotos/filmagem/gravação, tradutor/intérprete, serviços médicos, transporte (fretamento de ônibus, veículos etc.), assessoria de imprensa e publicidade;
- taxas, tributos e seguros;
- comissões.

Convém lembrar: evento é um investimento no conceito e na imagem da empresa.

O quadro a seguir é uma orientação para a divisão e acompanhamento dos custos.

Evento: _____ Orçamento nº: _____
Cliente: _____
—
Data: ___/___/___ Hora: _____ Local: _____
Profissional Responsável: _____

| Unid. | Quantidade | Especificação | Custo Unitário | Custo Total |

A implantação de um evento exige uma eficiente gestão econômica e financeira para se compatibilizar a:

RECEITA PREVISTA X DESPESA ESTIMADA

e estabelecer a

RELAÇÃO CUSTO X BENEFÍCIO

O controle contábil diário, acompanhado da visão completa e real entre receita x despesa, permitirá ao organizador conhecer o seu ponto de equilíbrio e de viabilidade para repetir ou não, em outra ocasião, o acontecimento. O ponto de equilíbrio entre receita x despesa é o fator determinante do lucro ou do prejuízo do evento.

Para a determinação do ponto de equilíbrio, é necessário conhecer a receita e a despesa do evento.

Receita = soma de todos os itens que compõem a arrecadação do evento.

Despesa = soma de todos os itens que compõem os gastos do evento.

A organização de um evento - dependendo do seu tipo - poderá gerar receitas próprias, além da venda alocada pelo cliente, que contribuirão com a sua implantação, tais como:

Determinantes de Receita

Patrocínios, somados com:

- venda de espaços (estandes ou publicitários)
- venda de produtos promocionais (da própria entidade: camisetas, chaveiros)
- venda de ingressos/inscrições
- receita do evento, que também se soma aos apoios e permutas. O resultado será igual à:

Receita final do evento

Não se pode estipular um valor para as cotas de patrocínio ou para as inscrições aleatoriamente, sem base concreta. Para determinar o valor de cada item da receita para sua comercialização, valor do patrocínio, das inscrições, da venda dos estandes por m², é preciso conhecer o **custo real do evento** mais o **lucro esperado**, além de fazer uma análise séria e real dos custos desses itens no mercado, em geral com condições similares ao que se está organizando.

Determinantes do Preço de Venda ou Despesas do Evento

Custo do profissional organizador / empresa contratada, somado ao

- custo financeiro (se houver verba alocada pelo cliente), somado ao
- custo administrativo / logístico / pessoal externo, somado aos
- tributos/taxas, somados às
- comissões, somadas ao
- custo real, somado ao
- lucro. O resultado será igual ao:

Preço de venda/despesas

O que é cada item das receitas e despesas?

Custo do profissional organizador/empresa contratada: trata-se do valor cobrado pela empresa contratada para organizar o evento, quando existir esse item, ou seja, quando a organização do evento for terceirizada;

Custo financeiro: é o custo do dinheiro parado, quando o cliente desembolsar uma verba antecipada, porque assim o exige o contrato; é o valor que ele ganharia no mercado financeiro se aplicasse o dinheiro (em época de inflação elevada, esse item tem grande influência);

Custo administrativo/logístico/pessoal/externo: são os custos com aluguel de espaço, equipamentos, pessoal etc., exceto os custos da empresa organizadora;

Tributos/taxas: valores pagos à Prefeitura e outros órgãos como ISS, ECAD (quando o evento tiver música ao vivo), CADAM (taxa sobre anúncio) etc. Neste tópico, entram os seguros, feitos sempre que as condições do evento o exigirem - são seguros contra incêndio, roubo etc.;

Comissões: valores pagos a profissionais sobre venda de estandes, espaços publicitários e outros;

Custo real: custo final do evento, sem o percentual do lucro, pois muitas empresas não almejam lucro, somente retorno conceitual;

Lucro: percentual que, somado ao custo real do evento, determina o preço final. A partir daí poderão ser divididas as cotas de patrocínio, preço de inscrições etc.

Lembrar que nem sempre todos os componentes da receita ou da despesa, acima descritos, fazem parte do resultado final. Ou seja, haverá evento sem valor de comissão, sem venda de espaço etc.

Estabelecido o preço de venda ou custo final, cabe ao organizador do evento definir a melhor forma de comercializá-lo ou de definir as formas de receita: patrocínio, venda de espaço, venda de produtos promocionais ou de terceiros, inscrições/ingressos. No componente de receita entra a permuta, ou seja, a troca de produto de interesse do evento (*coffee-break*, pasta) por inscrições ou outro item.

Não confundir com apoio, patrocínio e permuta, também componentes de receita, mas na relação custo/ benefício:

Patrocínio: valor fornecido por empresa, em verba ou em cotas, para ter seu nome relacionado ao evento de seu interesse. O patrocinador compra a ideia, sendo importante para ele colocar sua marca junto a uma ideia muito boa. Reforça o seu nome e, ao mesmo tempo, dá brilho ao evento;

Apoio: cessão de nome de entidade/órgão governamental para um evento, não envolvendo verba, somente a força e a credibilidade do nome. Pode-se também apoiar na divulgação, fornecendo bonés ou outros acessórios e facilidades;

Permuta: troca de produto de interesse do evento (*coffee-break*, pasta) por inscrições ou outro item de interesse do fornecedor.

Análise econômica e financeira do evento (resumo).

Ponto de Equilíbrio do Evento

RECEITA FINAL DO EVENTO   X   CUSTO FINAL DO EVENTO

ingressos/inscrições somados ao

honorários profissionais

somados ao patrocínio

somado a

custo financeiro

somado à

permuta

somada a

custo administrativo

somado à

venda de produtos

somada a

tributos/ taxas

somados a

venda de espaços

somada às

comissões

somadas ao

receita real

somada ao

custo real

somado ao

apoio

é igual à

lucro

é igual ao

receita final do evento
X
custo final ou preço de venda

Observação:

Custo administrativo = custo de pessoal + custo de terceiros + custo de apoio logístico.

Para que o evento obtenha um resultado final satisfatório, a receita final deverá ser superior ao custo final do evento, igual ao lucro.

Se a receita final ficar igual ao custo final, igual ao ponto de equilíbrio, não haverá nem lucro, nem prejuízo.

Quando a receita final for inferior ao custo final, haverá prejuízo no evento.

Planejamento Financeiro - reforço de aprendizagem

PREVISÃO FINANCEIRA

É a projeção das possíveis receitas:

Patrocínio

Ingressos/inscrições

Apoio

Colaboração

Venda de espaço

PLANEJAMENTO

Planejamento

É a harmonia no tempo e no espaço entre:

> Entradas
>
> Saídas
>
> Numerários

Deve prever os gastos planejados de forma compatível com os alcançados.

ESTRUTURA GERAL DO EVENTO

Financeira

Compras e controle de estoque

Obtenção de recursos em geral

Comunicações

Secretaria executiva

Transportes e hospedagem

Atividades técnicas

Atividades paralelas

Atividades turísticas e lazer

FORMULÁRIOS, FLUXOGRAMAS E ORGANOGRAMAS

1. EXEMPLO DE LIVRO DE MOVIMENTAÇÃO DIÁRIA

Empresa:

Livro de Movimentação Diária

DATA	NATUREZA DA OPERAÇÃO	RECEITAS	DESPESAS	SALDO DIÁRIO	SALDO GERAL

ORGANIZAÇÃO DE EVENTOS

2. EXEMPLO DE TOMADA DE PREÇOS

TOMADA DE PREÇOS

EVENTO EQUIPE SOLICITANTE DATA

Submetemos à apreciação a presente tomada de preços efetuada sobre o material/serviço abaixo:

Discriminação	Empresa			Empresa			Empresa		
	Preço unitário - R$	Total – R$	MC	Preço unitário - R$	Total – R$	MC	Preço unitário - R$	Total – R$	MC
* MC – Melhor Cotação (assinalar com "X")	Total da Empresa R$			Total da Empresa R$			Total da Empresa R$		
	Total de MC			Total de MC			Total de MC		
Prazo de entrega				Prazo de entrega					
Condições pagto				Condições pagto					
Parecer da equipe solicitante				Parecer da administração do evento					

* MC => Melhor Cotação

3. ESTRUTURA ADMINISTRATIVA DE UM EVENTO – ORGANOGRAMA

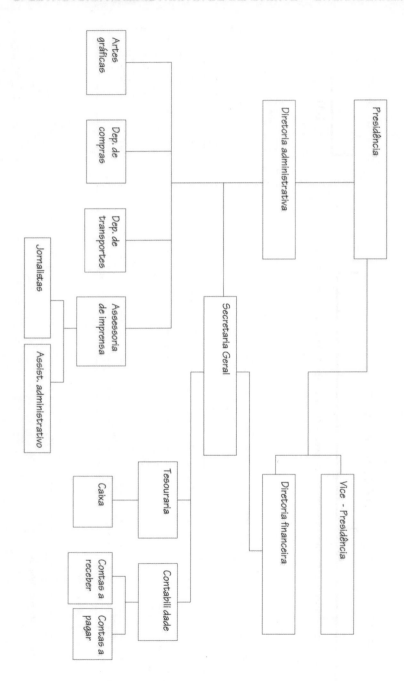

4. EXEMPLO DE BALANCETE DE UM EVENTO

RECEITAS	
Recursos existentes na entidade promotora	20.000,00
Inscrições de congressistas	371.600,00
Vendas de "stands"	172.800,00
Patrocínios	50.000,00
TOTAL DAS RECEITAS	614.400,00
DESPESAS	
1. PALESTRANTE	
1.1. Sr. "X" – abertura e palestra	10.000,00
1.2. Demais palestrantes – R$1.000,00(10)	10.000,00
Total do item 1	20.000,00
2. Propaganda e publicidade	
2.1. Televisão – 15 inserções na Rede de TV "X"	50.000,00
2.2 . Confecção de 60.000 folders	5.400,00
2.3. Confecção de 60.000 malas diretas	5.400,00
2.4. Confecção de 3.000 cartazes	3.000,00
2.5. Postagens de mala direta	6.000,00
2.6. Etiquetas de endereçamento	800,00
Total do item 2	70.600,00
3. Despesas com pessoal	
3.1. Cargos administrativos	
3.1.1. Diretora executiva	16.000,00
3.1.2. 5 supervisores	22.000,00
3.1.3. 16 força tarefa (média R$600,00)	19.200,00
3.1.4. Encargos sociais	38.816,00
3.2. Assessor de imprensa (4 meses)	7.200,00
3.3. Empresa montadora	27.000,00
3.4. Empresa da limpeza	8.000,00
3.5. Empresa carregada do cerimonial	6.000,00
3.6. Estadia para 10 expositores	6.500,00
Total do item 3	150.716,00
4. Máquinas / equipamentos / aluguel	
4.1. Aluguel do centro de convenção	90.000,00
4.2. Filmagem do evento	3.200,00
4.3. Traslado – 20 ônibus em 5 horários	9.000,00
4.4. Aluguel equipamentos didáticos	2.500,00
Total do item 4	104.700,00
5.0. Impostos e taxas	92.548,00
Total do item 5	92.548,00
TOTAL DAS DESPESAS	438.564,00
RECEITA LÍQUIDA (RECEITA – DESPESAS)	175.836,00

5. EXEMPLO DE FLUXO DE CAIXA

EVENTO: ENCONTRO DE ORGANIZADORES DE EVENTOS					
Fluxo de Caixa					
MESES DISCRIMINAÇÃO	MAIO	JUNHO	JULHO	AGOSTO	SETEMBRO
ENTRADAS					
1.1.Patrocínios	30.000,00	15.000,00	5.000,00		
1.2.Inscrições	21.600,00	160.000,00	100.000,00	90.000,00	
1.3.Vendas "stands"		129.600,00	43.200,00		
TOTAL DAS ENTRADAS	*51.600,00	*304.600,00	*148.200,00	*90.000,00	
SAÍDAS					
2.1.Palestrante				20.000,00	
2.2.Propaganda/ publicidade	10.000,00	23.800,00	16.800,00	20.000,00	
2.3.Despesas com pessoal	1.800,00	30.400,00	49.848,00	50.748,00	18.000,00
2.4.Aluguel do centro de convenção		45.000,00		45.000,00	
2.5.Equipamentos e filmagens				5.700,00	
2.6.Traslado – hotel para centro convenção				9.000,00	
2.7.Impostos e taxas		3.672,00	49.232,00	24.344,00	15.300,00
TOTAL DAS SAÍDAS	*11.800,00	*102.872,00	*115.880,00	*174.792,00	*33.300,00
RESUMO					
3. (+) SALDO INICIAL	20.000,00	59.800,00	261.528,00	293.848,00	209.056,00
4. (+) TOTAL ENTRADA	51.600,00	304.600,00	148.200,00	90.000,00	0,00
5. (-) TOTAL SAÍDAS	11.800,00	102.872,00	115.880,00	174.792,00	33.300,00
6. (=) SALDO FINAL	59.800,00	261.528,00	293.848,00	209.056,00	175.756,00

6. EXEMPLO DE REQUISIÇÃO DE MATERIAL

EVENTO: ENCONTRO DE ORGANIZADORES DE EVENTOS					
REQUISIÇÃO DE MATERIAL Nº					
ITEM	UNIDADE	QUANTIDADE	CÓDIGO	DESCRIÇÃO	
DE:						
PARA:						
ASSINATURA DO REQUISITANTE						

7. EXEMPLO DE CONTROLE DE ESTOQUE

EVENTO: ENCONTRO DE ORGANIZADORES DE EVENTOS					
CONTROLE DE ESTOQUE					
DESCRIÇÃO DO MATERIAL	QUANTIDADE EXISTENTE	SAÍDA	DATA	ESTOQUE FINAL	VISTO DO ALMOXARIFE

Capítulo 8

Check-List para eventos empresariais

Imaginando a realização de um seminário ou de um curso, por exemplo, apresentamos a seguir o planejamento de algumas atividades que deverão fazer parte de um *check-list*:

1. Organizar a pasta do participante, com todo o material pertinente ao acompanhamento do curso/evento.

2. Preparar os crachás:
- de mesa – se houver composição de mesa (*bristol*);
- das carteiras – se forem carteiras;
- de mesa menor – se carteira-mesa;

3. Havendo composição de mesa de autoridades, organizá-la com: copos, guardanapos, garrafa de água (que, opcionalmente, poderá ser servida pelo garçom), caneta ou lápis, bloco, a ordem do dia ou pauta, a lista com os nomes das autoridades (chamada nominata) e microfone;

4. Preparar a lista de participantes, contendo endereço completo, telefone, fax, e-mail, o nome do curso ou evento, horário e local;

5. Providenciar a abertura oficial do evento: quem vai falar, o que vai falar, quanto tempo para a abertura e onde será feita, dando as boas vindas aos participantes, explicando o objetivo do encontro, o que a empresa espera do investimento feito no evento, horários, duração e como vão transcorrer as atividades;

6. Providenciar a fixação dos fios dos equipamentos eletro-eletrônicos no chão ou junto à parede com fita gomada, a fim de evitar acidentes;

7. Colocar faixas de boas vindas no local do evento, na parte interna e externa do auditório, se for o caso;

8. Dar especial assistência aos participantes de fora da cidade, sede do evento, antes, durante e ao término das atividades;

9. O coordenador deverá passar pelo menos uma vez no local da realização, para efeito de acompanhamento, conversar com os par-

ticipantes e o consultor, além de providenciar os ajustes e alterações necessários;

10. Dependendo do evento e, se possível, preparar a pasta para o consultor/facilitador, colocando o necessário para orientá-lo quanto à programação, sua estada e seus deslocamentos internos, na cidade e fora dela, se for o caso;

11. Verificar a mesa de *coffee-break*, etiqueta ou plaqueta com os nomes dos sucos, café, chá, leite (com ou sem açúcar). O ideal é colocar uma etiqueta ou plaqueta com os nomes dos salgados também. Verificar se existem lixeiras próximas às mesas de bebidas (sucos, refrigerantes) e às de salgados e doces;

12. Organizar a sala pelo menos 30 minutos antes do início de cada atividade do evento, de acordo com os interesses do consultor e previamente combinado com ele;

13. Combinar com os responsáveis por: iluminação, tomadas, acessórios, complementos, equipamentos, máquinas, entradas e saídas de tudo, serviço de copa, cozinha, limpeza, estacionamento, observando os documentos necessários para as saídas e entradas de equipamentos, máquinas etc., inclusive horários de permissão;

14. Lembrar aos participantes, preferencialmente várias vezes, quanto ao preenchimento do formulário de avaliação, argumentando quanto à importância das opiniões, sugestões e avaliação dos participantes;

15. Manter constante organização da secretaria do evento, salas das reuniões, conferências e trabalhos de grupos;

16. Verificar, diariamente, antes de a comissão organizadora ir embora e após a realização das atividades do evento, se os aparelhos foram desligados, checando todo o ambiente;

17. Providenciar para que o local fique limpo ao final do dia, evitando-se atrasos no início das atividades do dia seguinte;

18. Fazer o planejamento de atividades todos os dias, ao final de cada expediente, planejando-se regularmente.

19. Não esquecer de verificar com antecedência a voltagem da energia no local, para o uso dos diversos equipamentos que serão utilizados no evento.

CHECK LIST PARA PLANEJAMENTO DE EVENTOS

1. Tema do evento
2. Objetivo
3. Título do evento
4. Público alvo
5. Verba disponível
6. Análise dos participantes
7. Data
8. Local
9. Programação (conteúdo)
10. Palestrantes ou expositores
11. Programação visual
12. Publicidade e propaganda
13. Assessoria de imprensa
14. Estratégia de marketing
15. Estratégia de comunicação
16. Montagens
17. Cronograma de atividades
18. Definição – abertura oficial do evento
19. Definição – encerramento oficial do evento e de cada atividade, em cada sala
20. Autoridades - convidados especiais - políticos

21. Cerimonial e protocolo para todas as atividades previstas
22. Atividades paralelas
23. Atividades de turismo
24. Atividades de lazer
25. Exposição (materiais, equipamentos, livros, quadros etc.)
26. Verba disponível
27. Patrocínios
28. Apoios
29. Colaboração
30. Realização
31. Promoção
32. Co-participação
33. Parcerias
34. Esforços de venda – como vender
35. Copa – cozinha – banheiros
36. Recepcionistas
37. Portaria
38. Segurança
39. Limpeza
40. Instalação de equipamentos
41. Tradução simultânea
42. Motoristas
43. Office-boy
44. Digitador
45. Recursos didáticos
46. Recursos materiais

47. Recursos audiovisuais

48. Equipamentos

49. Produção gráfica

50. Transportes

51. Determinação de entrada e saída de: público, veículos, equipamentos, materiais, entre outros

52. Estacionamento

53. Instalação sanitária

54. Área de lazer

55. Iluminação

56. Imagem

57. Som

58. Lojas

59. Faixas – cartazes – *outdoors*

60. Posto médico

61. Posto de segurança

62. Hospedagem

63. Alimentação

64. Tipos de serviços: à francesa, à americana, *buffet*, etc.

65. Uniformes

66. Contratos diversos

67. Número de participantes

68. Comprovantes

69. Responsabilidade da equipe

70. Memória do evento: fita de vídeo – fotografias – cd ou dvd

71. Recepção às autoridades, participantes e conferencistas

72. Como controlar o cumprimento do horário

73. Compra e venda de equipamentos, máquinas etc.

74. Controle de caixa

75. Controle bancário

76. Controle de contas a pagar e receber

77. Balancetes

78. Avaliação do evento

79. Comissão organizadora

Capítulo 9

Noções de Cerimonial e Protocolo de Eventos

Com o objetivo de fornecer condições ao promotor de eventos na organização de uma cerimônia, incluímos nesta nova edição alguns procedimentos protocolares, mesmo que sejam apenas uma noção para de facilitar a preparação do momento mais importante de um evento – a cerimônia.

Nos capítulos anteriores, foi possível apresentar os passos a serem seguidos para a organização do evento em si; agora, com esta exposição, mesmo em nível de noções protocolares, o leitor poderá unir a fase inicial de um acontecimento - o planejamento- com a fase que culmina o grande momento de toda a preparação desenvolvida desde o início da ideia e do projeto do evento.

Definições — Conceito — Consideração
e o Cerimonial Atual

ORIGEM

A origem da palavra CERIMONIAL vem do Latim *CERIMONIALE* e se refere às cerimônias religiosas.

CONCEITO

Cerimonial é um conjunto de formalidades que se deve seguir em um ato solene ou em uma festa pública. Esse conjunto está norteado por regras que especificam as formalidades, a etiqueta protocolar e social, em qualquer tipo de evento.

JUSTIFICATIVA

Toda sociedade, desde a mais primitiva, necessita de algum tipo de ordem, de organização, de disciplina e de comando para se organizar, para conviver em harmonia. Isto evita ou diminui as injustiças, os atropelos, os desentendimentos e, principalmente, o desrespeito ao próximo. O planejamento do evento e da cerimônia, bem feito, garante o sucesso do evento.

CONSIDERAÇÃO

Por não ser exatamente uma ciência política, muitos preconceitos, dúvidas e distorções existem em torno de cerimonial e protocolo. Formas de tratamento, composição de mesa, precedência, cumprimentos e boas maneiras são confundidos e/ou cada um acredita que deve ser desta ou daquela maneira.

Na realidade, a igreja foi à primeira instituição a usar rigorosamente os procedimentos e rituais protocolares. A segunda, as forças armadas e, como terceiro lugar, as universidades, os colégios e as escolas. As empresas públicas, privadas e autarquias, ainda hoje, buscam esclarecimentos protocolares mais corretos, de acordo com os seus eventos.

PARA QUE SERVEM O CERIMONIAL E PROTOCOLO

O cerimonial serve para dar a harmonia, o equilíbrio e principalmente, oportunizar o uso do bom senso em todos os procedimentos protocolares do evento. Serve também para dar a cada autoridade as prerrogativas e os privilégios a que tem direito.

COMO ORGANIZAR A PRECEDÊNCIA EM:

BANQUETES

À medida que os convidados confirmam suas presenças, vai-se passando a relação dos nomes ao calígrafo que prepara os cartões de plano por ordem de precedência em dois grupos: homens e senhoras. Esses cartões já ficam sobre o plano de mesa e vai-se retirando aqueles que por ventura desistirem de comparecer. Vide abaixo modelos e definições de cartões de mesa, de braço e de plano, conforme abaixo:

PROVIDÊNCIAS PARA UM JANTAR FORMAL

Providenciar para o evento, cartões de mesa, braço e plano:

Cartão de braço é o cartão que o convidado recebe à entrada, com indicação no mapa do plano de mesa indicando o seu lugar.

CARTÃO DE MESA

Marca o lugar do convidado à mesa. Pode estar acima do guardanapo (dentro do prato), ou logo acima dos talheres de sobremesa, encaixados em portas-cartão (placement).

CARTÃO DE PLANO

Marca o lugar do convidado no plano de mesa, em jantares com grande número de pessoas.

> Sua Excelência o senhor Chefe do Departamento das Américas

> Senhor Ministro Sicrano de

> Sua Excelência o senhor Secretário Sicrano de Tal

ESTUDOS PARA COMPOSIÇÃO DE CABECEIRAS

É importante lembrar o seguinte: como saber qual tipo de mesa o organizador do evento deve escolher? Depende do espaço físico, do número de pessoas e, principalmente, do ambiente. Fato é que as cabeceiras devem ficar de frente para a entrada do salão. As pessoas mais importantes do evento, pelos cargos ou posição social, não podem ou não devem ficar de costas para os outros convidados. Por isso a necessidade de um estudo detalhado da posição em que os "vips" vão ficar.

Os convidados, de acordo com o número de pessoas, podem ficar de costas para os "vips", mas os "vips" é que não podem ficar de costas para os convidados. Fazer uma análise do espaço com antecedência é fundamental.

A seguir encontram-se algumas alternativas para a composição de cabeceiras, em alguns tipos de mesas.

Os círculos pretos indicam cabeceiras ou seja, o lugar de honra

À direita do anfitrião estará a primeira mulher mais importante e, à sua esquerda a segunda mulher de maior hierarquia. Seguir este mesmo critério, considerando as direitas os lugares de maior honra. À direita da anfitriã, se sentará o homem de maior hierarquia e, a sua esquerda o segundo homem de maior hierarquia. Assim sendo, avalia-se a posição hierárquica dos convidados à mesa, seja evento corporativo/profissional ou social, o critério é o mesmo.

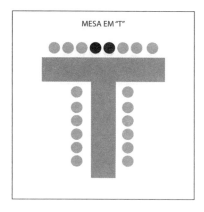 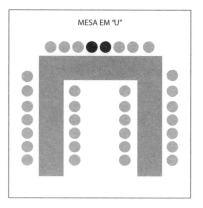

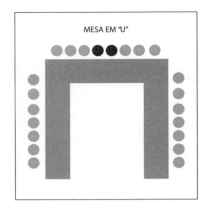
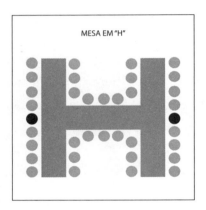

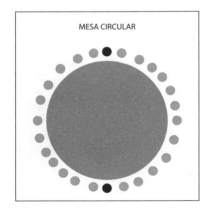

Figura 3-Mesa de 14 pessoas

Precedência:
- Anfitriões – Sr. e Srª. A
- Sr. e Srª. B
- Sr. e Srª. C
- Sr. e Srª. D
- Sr. e Srª. E
- Sr. e Srª. F
- Sr. e Srª. G

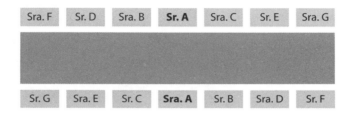

Figura 4- Duas mesas redondas de 06 pessoas

Precedência:
- **Anfitriões: Sr. e Sra. A**
- **Sr. e Srª.B**
- Sr. e Srª. C
- Sr. e Srª. D
- Sr. e Srª. E
- Sr. e Srª. F

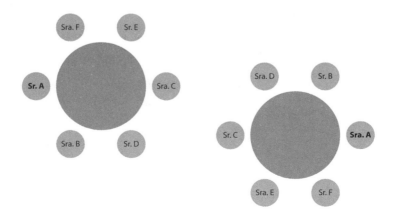

COMPOSIÇÃO DE UMA MESA DE HONRA DE AUTORIDADES E CONVIDADOS

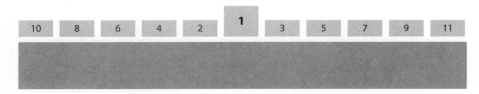

Segunda forma de se fazer a precedência e a composição da mesa de honra

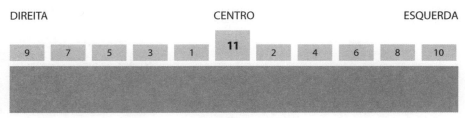

Observações: É necessária uma rigorosa observância da precedência, na mesa diretora (de honra) quando for possível; se não, usar o bom senso e o equilíbrio, destacando-se sempre as posições políticas e/ou profissional dos convidados a mesa.

EXEMPLO DE COMO MONTAR UMA MESA DIRETORA COM 11 LUGARES

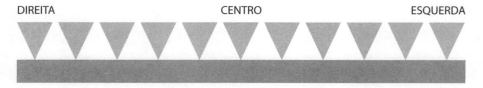

a) No primeiro exemplo de composição de mesa apresentado, observa-se, claramente, que o 1º convidado a ser chamado para compor a Mesa foi o Presidente de Honra. O segundo e o terceiro convidados os sucederam e, assim, sucessivamente.

b) Na segunda mesa diretora, acima, o presidente foi o último a ser chamado para compor a Mesa, representado pelo número 11. O primeiro e o segundo convidados, números 1 à direita e 2 à esquerda, foram os primeiros a serem chamados, seguidos pelos outros na precedência.

c) A precedência é feita por ordem de hierarquia, entre os convidados para a mesa de honra. Os discursos são feitos na ordem inversa da precedência.

d) A composição da mesa é de acordo com o papel que cada convidado exercerá na mesa de honra.

e) A forma mais fácil, assertiva e eficaz de se estabelecer a precedência e a composição de mesa com os convidados de honra é, também:

- avaliar a conveniência política do evento;
- os aspectos social e cultural dos componentes da mesa de honra;
- a cortesia, entre outros fatores a serem avaliados, ou seja, não basta se verificar, somente, a hierarquia existente entre os convidados. Existem outros quesitos importantes a serem avaliados também.

f) a universidade segue o seu próprio estatuto que determina a precedência e a composição de mesa em seus eventos.

g) o Decreto Federal nº 83.186 de 19 de fevereiro de 1979, rege o Cerimonial Público e Oficial do Brasil, estabelecendo a ordem geral da precedência de autoridades.

h) alguns órgãos públicos e empresas privadas não aceitam que o presidente da mesa diretora, em um evento, seja chamado por último na precedência.

i) Contudo, vale lembrar de que um presidente não espera ninguém e, sim, é esperado pelos seus convidados à mesa tanto, na precedência quanto na composição de mesa. Há que se respeitar os hábitos, os usos e os costumes de cada setor seja este público ou privado, entre outros.

DIAGRAMAS DE MESA PARA RECEPÇÕES

Figura 1-Mesa com 6 pessoas

Precedência:
- Anfitriões (cabeceiras)
- Sr. e Srª A
- Sr. e Srª B
- Sr. e Srª C

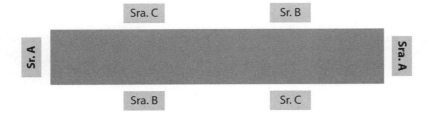

Figura 2-Mesa com 10 pessoas

Precedência
- Anfitriões (cabeceiras) – Sr e Srª A
- Sr e Srª B
- Sr e Srª C
- Sr e Srª D
- - Sr e Srª E

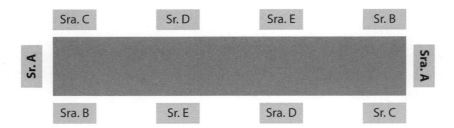

Com a exposição destes diagramas, você leitor, poderá especificar o lugar de cada convidado na mesa, partindo sempre dos anfitriões, sejam um homem e uma mulher, dois homens ou duas mulheres, não importa, o importante, por exemplo, é avaliar que a maior hierarquia feminina fica à direita e a segunda a esquerda do anfitrião. A partir daí, forma-se os casais.

METODOLOGIA PARA SE ORGANIZAR PRECEDÊNCIA, COMPOSIÇÃO DE MESA E A ORDEM DOS DISCURSOS

Em eventos corporativos, tais como o congresso, o seminário, o simpósio, entre outros, a organização da precedência, composição da mesa e, especificação da ordem dos discursos das autoridades e dos convidados especiais, necessita de um cuidadoso procedimento protocolar.

Com o objetivo de facilitar a determinação deste protocolo, apresentamos, a seguir, uma metodologia que, com certeza, tornará mais fácil adotar este procedimento, seguindo-se este esquema:

METODOLOGIA PARA ORGANIZAR PRECEDÊNCIA, COMPOSIÇÃO DE MESA E A ORDEM DOS DISCURSOS DOS COMPONENTES DA MESA DIRETORA:

O esquema a seguir facilitará a organização do cerimonial de um evento:

Mesa de honra

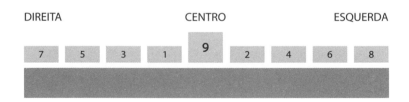

Pronunciamentos:

Avaliar, previamente as questões protocolares a seguir:

303

a) quem fará uso da palavra em primeiro lugar, em segundo e em terceiro, assim por diante, de acordo com o número de convidados presentes na mesa de honra?

b) quem abrirá e encerrar o evento?

Relação da ordem dos discursos e pronunciamentos:

Esquema:

1º Pronunciamento:_____

2º   II   :_____
3º   II   :_____
4º   II   :_____
5º   II   :_____
6º   II   :_____, e assim por diante.

NOMENCLATURA OU DEFINIÇÃO DESTE ESQUEMA

a) **Autoridades:** representadas por um presidente ou um diretor de alguma instituição, empresa, associação, entre outras classes.

b) **Políticos:** representados por governadores, prefeitos, deputados, senadores, entre outros.

Observação:

Na ordem de precedência, os políticos estarão, sempre, na frente das outras autoridades, ou seja, estes possuem precedência na composição de uma mesa diretora.

c) Os 1º, 2º ou o 3º convidado de honra, são as personalidades de maior hierarquia como convidados de honra. Não necessariamente são somente duas pessoas. É possível haver apenas um convidado de honra mas, pode-se ter mais de um. Isto depende do tipo de evento a quem será prestada uma homenagem ou por outro motivo definido.

d) Presidente do evento: é a pessoa que irá presidir a solenidade do início ao fim do acontecimento.

e) Anfitrião: normalmente é o presidente do evento. Contudo, o ou a anfitriã poderá ceder a presidência do evento para outra pessoa por algum motivo particular ou especial. Se o presidente do evento for, também, o anfitrião, o seu nome deverá ser repetido no esquema metodológico, acima apresentado.

f) Um convidado de "menor importância": a expressão "menor importância" não significa diminuir o grau de importância de uma pessoa, e, sim, o seu grau de hierarquia entre todos os convidados para a mesa diretora, podendo-se, chamar, também, de convidado de menor hierarquia.

g) Pronunciamentos: deve-se avaliar, previamente, quem irá discursar, ou seja, fazer uso da palavra na mesa de honra. Não necessariamente todos farão o uso da palavra. Quem determinará este procedimento, previamente, é o presidente do evento ou da mesa de honra. O ideal é que este procedimento seja definido previamente entre o presidente e os convidados a discursarem. Primeiramente, porque isto norteia as ideias de quem fará o uso da palavra. Em segundo lugar, facilita a comissão organizadora na definição da pauta do evento e, o mestre de cerimônias terá maior conhecimento da pauta.

No segundo esquema abaixo apresentado, é montada uma mesa diretora com 7 lugares por exemplo, caso sejam 7 pessoas como convidados para a mesa de honra. Definindo quem são os componentes desta mesa, é só apontar os seus nomes em cada posição da mesa. Desta forma, fica muito mais fácil determinar quem é quem nesta solenidade.

Vejamos:

COMPOSIÇÃO DE MESA

ORGANIZAÇÃO DA SOLENIDADE PROCEDIMENTOS:

Normalmente, os convidados especiais, ao chegarem ao local do evento, são identificados devidamente por algum procedimento adotado pela equipe do cerimonial com antecedência. Ao serem identificados, são conduzidos para a sala "VIP", por exemplo, onde o presidente os aguardará.

Quando chega o momento inicial da solenidade, os convidados são conduzidos pelas recepcionistas ao auditório, juntamente com o presidente do evento auxiliando-os a se sentarem nas primeiras poltronas do auditório já reservadas para autoridades e convidados especiais.

O mestre de cerimônia dirige-se à tribuna, a fim de dar início às atividades especificadas na pauta. Ao mesmo tempo, duas recepcionistas dirigem-se para a mesa diretora e adotam a seguinte postura:

- uma fica atrás da cadeira número 1 do esquema acima apresentado. A outra posiciona-se atrás da cadeira número 2 do mesmo esquema.

O mestre de cerimônia da inicio à cerimonia cumprimentando a todos, informando o objetivo do evento, entre outras informações preliminares. Após este momento, inicia a precedência e composição de mesa chamando o primeiro convidado de honra. A recepcionista que se encontra atrás da cadeira número 1, aponta, com suas mãos, o lugar este convidado irá se sentar.

O segundo convidado de honra é chamado. O mesmo procedimento será adotado pela segunda recepcionista que se encontra atrás da cadeira número 2. Após isto ela passará para atrás da cadeira número 4 e assim sucessivamente, tanto do lado das cadeiras das direitas quanto das esquerdas, até que o presidente da mesa seja chamado, sendo recepcionado, neste momento, pelas duas recepcionistas, que se encontram ao centro da mesa.

Ao chegar ao seu lugar, todos os convidados sentam-se por iniciativa do presidente da mesa. As duas recepcionistas retiram-se do palco pois, cada uma possui certamente outras tarefas que foram definidas previamente pela comissão organizadora.

O termo *"precedência"*, quer dizer: o que precede algo; o que vem primeiro. Já o termo *"composição de mesa"* quer dizer: onde os convidados sentar-se-ão na mesa diretora em eventos corporativos ou em sociais, quando muitas vezes, o protocolo também é seguido.

Todos estes procedimentos especificados até aqui, deverão ser devidamente estudados, avaliados e bem definidos previamente entre:o presidente do evento, a Comissão Organizadora e o chefe do cerimonial(quando se contrata este profissional).

Nos eventos sociais, normalmente é a cerimonialista que organiza a cerimônia, junto com sua equipe de recepcionistas.

Em alguns eventos seja corporativo ou de outro tipo, também existe o profissional contratado para ser o coordenador do evento ou somente da cerimônia. Há uma certa diversidade de procedimentos neste segmento, nos parecendo que cada um segue o seu próprio conceito de encarar o cerimonial de um evento.

Os pronunciamentos ou os discursos (usam-se estes dois termos) são estudados, também, previamente. Existe uma regra protocolar que determina: os discursos são feitos na ordem inversa da precedência.

Melhor definindo estas palavras: o primeiro a ser chamado para a mesa diretora pode ser a pessoa que encerrará o evento ou a cerimônia. O segundo na precedência abrirá o evento. O "comando" ou o direcionamento das atividades da mesa diretora são feitos pelo presidente. Contudo, todos os procedimentos poderão ser conduzidos pelo mestre de cerimônia. Tudo depende de cada realidade do evento. O que está apontado aqui não pode ser encarado como uma regra definitiva mas, sim, como um exemplo do modo de se realizar uma cerimônia protocolar. Cada evento e cerimônia têm as suas peculiaridades devendo-se levar em consideração a própria realidade, a necessidade do acontecimento e a cultura do local onde se realiza a cerimônia.

POSTURA DO MESTRE DE CERIMÔNIAS

O mestre de cerimônias, em alguns eventos, atua, apenas, conduzindo a precedência e a composição da mesa de honra, após o seu pronunciamento que antecede este procedimento, ao anunciar para todos da plateia o motivo de estarem ali, ou seja, o objetivo do evento.

Em outras situações, o mestre de cerimônias, além de fazer à precedência e à composição da mesa, poderá conduzir toda a cerimônia, também, passando as palavras a todos que discursarão ficando a pessoa do presidente da mesa, apenas, como uma figura representativa no evento.

Todos estes procedimentos serão estudados previamente. Tudo tem a sua razão de ser desta ou daquela forma. Nada deve ser feito aleatoriamente. É preciso haver reuniões prévias, mais de um ensaio do cerimonial com a comissão organizadora, com os recepcionistas, os cerimonialistas (quando houver), o chefe do cerimonial, o mestre de cerimônias e acrescenta-se, ainda: o garçom que irá servir água na mesa de honra, além dos seguranças. Enfim, o treinamento é muito importante para alcançar o pleno sucesso.

É preciso avaliar: a entrada, saída das autoridades e dos convidados especiais; a entrada e a saída do público; as saídas de emergência; o local reservado para as autoridades; políticos e convidados especiais e como deverá ser organizada a mesa de honra tais como:

- copo de cristal;
- blocos, canetas e lápis;
- caixas de lenços de papel;
- garrafas de água (caso não haja garçons para serviros convidados);
- a nominata e os microfones.
- os prismas contendo os nomes de cada convidado.

Observações:

A. Nominata quer dizer: ordem de precedência das autoridades e dos convidados especiais;
B. A caixa de lenços de papel é, sempre, bem vinda. E se faz necessária também.

EXEMPLO:

MODELO DE ORDEM DE PRECEDÊNCIA DE AUTORIDADES (NOMINATA)

1) Nome:_____
Cargo:_____
Órgão ou Empresa:_____
Função na Mesa:_____

2) Nome:_____
Cargo:_____
Órgão ou Empresa:_____
Função na Mesa:_____

3) Nome:_____
Cargo:_____
Órgão ou Empresa:_____
Função na Mesa:_____

4) Nome:_____
Cargo:_____
Órgão ou Empresa:_____
Função na Mesa:_____

5) Nome:_____
Cargo:_____
Órgão ou Empresa:_____
Função na Mesa:_____

6) Nome:_____
CCargo:_____
Órgão ou Empresa:_____
Função na Mesa:_____

7) Nome:_____
Cargo:_____
Órgão ou Empresa:_____
Função na Mesa:_____

Observação: a nominata deverá ficar à frente de cada convidado da mesa diretora. Não é obrigatório mas, facilita o conhecimento de quem é quem, pois nem todos se conhecem numa mesa diretora, de um modo em geral.

DEFINIÇÃO DO ESTADO BRASILEIRO

Ao estudar o capítulo referente à Noção do Estado, você certamente percebeu que o Brasil reúne todos os elementos necessários para formar um Estado: em primeiro lugar, possui uma população que habita um território determinado; por outro lado, possui um governo dotado de soberania, isto é, inteiramente independente em relação aos governos de outros países.

O Estado Brasileiro nasceu no dia 7 de setembro de 1822, continuando neste lado do Atlântico a civilização de Portugal em três traços característicos: o sentimento humano do povo português, o amor pela liberdade e o espírito cristão.

Embora contendo os elementos comuns a todos os Estados do mundo (população, território, governo e soberania), o Estado Brasileiro tem determinadas características que lhe são próprias. Unindo todas essas características, chegaremos então à seguinte definição:

O Brasil é uma República Federativa, constitucional e presidencialista, formada pela União, pelos Estados (atualmente em número de 21¹), pelos Territórios (atualmente em número de 4) e pelo Distrito Federal, todos ligados indissoluvelmente entre si. A Constituição que rege o Estado Brasileiro estabelece como regime político a Democracia Representativa, com três Poderes independentes e harmônicos: o Executivo, o Legislativo e o Judiciário. A sede do governo da União está localizada em Brasília, no Distrito Federal. Os Estados-membros da União estão divididos em Municípios, sendo estes dotados de autonomia local.

SÍMBOLOS NACIONAIS BRASILEIROS

Noção de Símbolo Nacional

Dá-se o nome de Símbolos Nacionais aos elementos gráficos ou musicais destinados a representar um Estado, bem como a nação que vive dentro de seus limites. Tais símbolos indicam a soberania de seu respectivo país, merecendo por isso demonstrações de cortesia e respeito por parte de outros Estados. Mas acima de tudo, os Símbolos Nacionais devem ser amados e respeitados pelo próprio povo que representam, pois na realidade são verdadeiras imagens da pátria.

Todos os Estados civilizados possuem seus próprios Símbolos Nacionais. Aliás, a origem desses símbolos remonta a muitos séculos antes de Cristo. Originalmente, tratava-se de certos desenhos ou com-

---

Observação: A Lei Complementar nº 31, de 11 de outubro de 1977, aprovada pelo Congresso Nacional e sancionada pelo Presidente da República, efetivou a divisão do Estado de Mato Grosso em dois Estados: Mato Grosso (capital Cuiabá) e Mato Grosso do Sul (capital Campo Grande), devendo a mesma entrar em vigor a partir de 1º de janeiro de 1979. Sendo assim, a partir dessa data o Brasil terá mais um Estado, Mato Grosso do Sul, totalizando 22 Estados componentes da União.

binações de cores que representavam uma nação ou o Estado que ela houvesse organizado; com o correr do tempo, essas cores e desenhos evoluíram, dando origem às bandeiras e aos escudos (ou brasões de armas) dos diversos países.

A partir da Revolução Francesa (1789-1799), a maioria dos povos civilizados passou a incluir um hino entre seus Símbolos Nacionais. Esse fato deve-se ao aparecimento da célebre Marselhesa, em 1792; a princípio, essa música era simplesmente uma canção patriótica dos revolucionários. Mas, em pouco tempo, sua importância cresceu a tal ponto que ela passou a ser considerada como um verdadeiro hino nacional francês. A partir daí, outras nações, seguindo o exemplo da França, começaram a criar seus próprios hinos nacionais.

Os Símbolos Nacionais Brasileiros são os definidos pela Lei nº 5.700, de 1º de setembro de 1971. De acordo com seu texto, temos quatro Símbolos Nacionais: a Bandeira Nacional, o Hino Nacional, as Armas Nacionais e o Selo Nacional.

Evolução Histórica da Bandeira do Brasil

A partir do Descobrimento, o Brasil teve as seguintes bandeiras:
1. De 1500 a 1521 - Bandeira real de D. Manuel I;
2. De 1521 a 1616 - Bandeira real de D. João III;
3. De 1615 a 1640 - Bandeira representativa do domínio espanhol, estabelecido sobre Portugal em 1580;
4. De 1645 a 1816 - Bandeira do Brasil como colônia-principado de Portugal;
5. De 1816 a 1821 - Bandeira do Reino Unido de Portugal, Brasil e Algarves, proclamado em 1815;
6. De 1821 a 1822 - Bandeira do Reino Unido Constitucional;
7. De 1822 a 1889 - Bandeira do Brasil Império;
8. De 15 a 19 de novembro de 1889 - Bandeira provisória da República;
9. De 19 de novembro de 1889 aos dias de hoje - Bandeira do Brasil República ou Bandeira Nacional.

Organização de Eventos

A BANDEIRA NACIONAL, EM TODAS AS APRESENTAÇÕES NO TERRITÓRIO BRASILEIRO, OCUPA O LUGAR DE HONRA, ISTO É:

À direita, se houver bandeira de outra nação

BRASIL   MÉXICO

Ao centro, se figurarem diversas bandeiras

PARAGUAI   BRASIL   VENEZUELA

Em posição que mais se aproxime do centro e à direita deste

CUBA   BRASIL   ARGENTINA   MÉXICO

Destacada à frente de outras bandeiras, quando conduzida em formaturas ou desfiles.

Quando destinada e se mastro, coloca-se a bandeira de modo que ao lado maior fique na horizontal, e a estrela isolada em cima, não podendo ser ocultada, mesmo parcialmente, por pessoas sentadas em suas imediações.

quando destinada e sem mastro, coloca-se a bandeira de modo que o lado maior fique na horizontal e a estrela isolada em cima, não podendo ser ocultada, mesmo parcialmente, por pessoas sentadas em suas mediações.

Capítulo 10

Noções de etiqueta e comportamento à mesa

Saber receber bem os convidados é uma arte, além de demonstração de respeito, elegância e atenção aos convidados.

Para organizar um jantar ou almoço deve-se escolher, previamente, o tipo de serviço ideal para esse encontro. Esta análise é feita de acordo com o objetivo do evento, o número de pessoas, o espaço físico e, principalmente, com a performance dos profissionais de apoio que estarão auxiliando no evento, pois a postura do garçom e o comportamento do convidado, diante de cada tipo de serviço, são diferentes.

Os tipos de serviços são:

- Serviço à mesa direto;
- serviço à mesa indireto ou guéridon;
- serviço à francesa;
- serviço à americana;
- serviço de buffet;
- serviço Self service;
- banquete;
- cocktail;
- jantar tipo banquete.

DEFINIÇÃO:

1- SERVIÇO À INGLESA DIRETO

O garçom apresenta-se com a travessa pelo lado esquerdo do convidado servindo a comida, com uso de garfo e colher (alicate), direto da travessa ao prato do convidado.

2- SERVIÇO À INGLESA INDIRETO

O garçom apresenta-se com a travessa pelo lado esquerdo. Depois coloca a travessa sobre a mesa auxiliar (guéridon) e serve a comida em um prato vazio que está na mesa auxiliar. Usa a colher na mão direita e um garfo na mão esquerda. Pela direita, serve o prato ao cliente, adotando este procedimento:

- No serviço guéridon, a travessa principal fica à direita, as guarnições à esquerda, e os pratos no centro;
- O garçom deve usar critérios para a disposição dos alimentos ao prato;
- Pouca quantidade, formando um aspecto saudável e apetitoso.

3- SERVIÇO À FRANCESA

É usado em banquetes requintados ou casas de famílias que usam serviços de garçom;

Características: é o próprio cliente quem se serve da comida trazida na travessa pelo garçom;

O garçom inclina-se ligeiramente para frente, deixando a travessa o mais próximo possível do prato do convidado, pelo lado esquerdo.

Observações:

a) O **maitre** precisa estar entrosado com o chefe de cozinha no tipo de serviço, para que este possa dispor as porções bem definidas na travessa, facilitando o cliente na retirada de sua porção;

b) Os garçons devem deixar maior espaço entre as cadeiras, facilitando o convidado no momento de se servir.

Talheres de mesa:

Garfo:
- à esquerda do prato - de fora para dentro:
- garfo para entrada / garfo para 1° prato / garfo para 2° prato;

Colher e faca:
- à direita do prato - de fora para dentro:
- colher de sopa / faca para entrada / faca para 1º prato / faca para 2º prato (as lâminas das facas viradas para dentro);

Talheres de sobremesa:
- se já estiverem compondo a mesa, ficarão na frente do prato e na ordem:
- faca de sobremesa (com a lâmina virada para o prato) / colher / garfo.

Os talheres devem estar virados para cima – somente se aceita talher virado para baixo quando houver brasão em sua base.

Copos: do lado direito dos pratos e acima das facas, na ordem:
- champanhe / água / vinho tinto / vinho branco;

Os copos estarão, invariavelmente, virados para cima.

Pratinho de pão: a manteiga e a faca ficam à esquerda e acima dos garfos.

Guardanapo: sempre de tecido, dobrado sobre o prato ou à sua esquerda.

Mesa: bem arrumada, com toalha fina, centro de mesa, pratarias, cristais.

Existem dois tipos de serviço à francesa:
- o garçom serve o prato, fazendo uma pinça com o garfo e a colher;
- o convidado se serve com a baixela oferecida pelo garçom – estilo mais utilizado.

COMPOSIÇÃO DA MESA NO SERVIÇO À FRANCESA

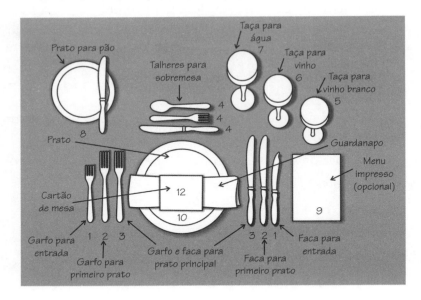

É importante lembrar, que nos serviços à francesa e banquete, a quantidade de alimento no prato, normalmente é pouca.

Se o convidado é do tipo que gosta de comer em abundância é bom comer um lanchinho antes de sair de casa.

A beleza da arrumação dos alimentos no prato é fundamental, principalmente nestes dois tipos de serviço.

O serviço à inglesa direto e indireto, é muito usado em restaurantes mais finos, mas repetir o prato não é tão desagradável, pelo contrário, o garçom está ali para servir todo e qualquer pedido do cliente.

Outro aspecto importante de se lembrar, é a postura, mais uma vez em banquete e no serviço à francesa, a saber:

- Normalmente existe entrada, que pode ser um consomé ou caldo. Não se serve sopa nestes tipos de serviços;
- a entrada, pode ser também um prato com camarão, carpaccio ou outro alimento leve;

- após a entrada, vem um outro prato chamado de primeiro prato e depois, o prato principal, antes da sobremesa. Se somarmos a quantidade de alimentos, veremos que não é tão pouco assim
- O primeiro prato e a entrada, não se repete e o prato principal só se repete se o garçom passar com a bandeja de alimentos, observando qual o convidado deseja repetir;
- Se o garçom não passar com a bandeja de alimentos, nem pense em chamá-lo para questionar se tem mais isso ou aquilo. Na realidade, quando ele passa sem a bandeja de alimentos é porque não tem mais!

A sobremesa pode ser repetida.

4- SERVIÇO À INGLESA

Semelhante ao serviço à francesa. Difere, porém, porque o prato vem arrumado da cozinha, geralmente bem desenhado. É mais prático, embora aquele seja mais requintado e solene. Muito utilizado em eventos empresariais, quando o tempo é determinante de sucesso, pois há mais agilidade nos serviços.

5- SERVIÇO À AMERICANA

Conhecido como *buffet* americano, é o serviço composto de comidas salgadas e doces no qual os participantes ficam em pé. Não é prático, pois a mobilidade é dificultada pela falta de lugares para se sentar. Prato, copo, talheres e guardanapo na mão são um transtorno, só amenizado pelas mesas de apoio, espalhadas estrategicamente.

Consiste na preparação de pratos na cozinha e a apresentação dos mesmos já prontos aos convidados. É usado, principalmente, em restaurantes de grandes redes, especialmente nos chamados "almoços executivos". Além disso, serve também, para eventos com grande número de pessoas em comemorações sociais.

6- SERVIÇO FRANCO-AMERICANO

Semelhante ao *buffet* americano, diferindo por haver mesas e cadeiras para as pessoas. É o mais utilizado, o mais prático. O nome e o tipo de serviço são muitas vezes confundidos com o serviço americano.

Caracteriza-se por:

- uma mesa grande, central, bem arrumada, com os pratos de entrada e os quentes;
- uma outra mesa com a sobremesa;
- os pratos, talheres e guardanapos em uma terceira ou na própria mesa;
- a própria pessoa se serve da comida e os garçons servem as bebidas.

Observação: este tipo de evento só alcança seu retorno se todos os itens do planejamento correrem paralelos: adequação de público, local e refeição; cerimonial e convidados; observância do protocolo; serviço de apoio treinado. Qualquer falha é logo notada, por isso é melhor não realizar o evento se todos os itens não estiverem compatíveis.

7- SERVIÇO DE BUFFET

Consiste em uma variedade de pratos. Os clientes vão à mesa do buffet, servem-se à vontade e depois se dirigem para as suas mesas.

Os garçons servem apenas os alimentos quentes e bebidas.

É bastante utilizado em banquetes.

Em muitos restaurantes utilizam uma mescla: buffet (saladas), com outros serviços à la carte.

Outros utilizam o serviço de buffet com carros quentes, para as comidas, e com mesas ou carros próprios para os alimentos frios.

Este serviço permite repetir o prato quantas vezes desejar.

8- SERVIÇO SELF-SERVICE

É uma modalidade de serviço em que os próprios convidados se servem. Podem servir-se quantas vezes o desejarem.

8.1 - FLUXO

- O convidado entra no restaurante, pega a bandeja, prato, talheres, copo e guardanapo;
- em seguida, segue o fluxo, vai colhendo e se servindo dos alimentos e bebidas de sua preferência;
- depois, dirige-se à mesa ou balcão.

Ao terminar a refeição, o convidado deixa a bandeja sobre a mesa (posteriormente é retirada por um funcionário). Em alguns estabelecimentos, existe um local próprio para a bandeja; nesse caso, siga a orientação da casa, é mais elegante.

9- BANQUETE

Banquete provém da palavra **banco:** os primeiros cristãos se sentavam em bancos quando celebravam a "ágape" (amizade espiritual), nas catacumbas;

- consiste, portanto, numa reunião em torno de uma mesma mesa, de ordem: social, político, profissional, artístico ou gastronômico;
- escolhem-se alimentos que combinam entre si e em pouca variedade;
- os banquetes, feitos em jantares, possuem um cardápio específico;
- eliminam-se frituras, salteados, molhos, apimentados.

A quantidade de funcionários é importante, assim como o tipo de cardápio e qualidade de mão-de-obra, pois este é um serviço bem requintado.

Regra geral: deve-se prever um garçom para cada 10 pessoas.

10- COCKTAILS

- Caracterizam-se por serem volantes, servidos em pé, mas existe a possibilidade de serem servidos para convidados sentados também;
- são mais informais;
- são rápidos;
- mais econômicos;
- atendem a um maior volume de pessoas no mesmo local;
- não exigem mobiliários.

MENSAGEM DA AUTORA

É difícil estipular regras para satisfazer as exigências de um serviço perfeito e de um comportamento harmonioso, equilibrado, plenamente satisfatório aos convidados.

O importante é desenvolver um trabalho consciente, ético e comprometido com todos aqueles que formarão o público convidado.

É necessário ter em mente que ao receber convidados num evento, se julga a eficiência da promotora do evento, como também a sensibilidade dos anfitriões pelo modo como seus colaboradores os recebe e os servem.

Portanto, todo cuidado ainda é pouco!

Capítulo 11

Como atuar nas profissões de mestre de cerimônias e cerimonialista em eventos

As profissões de mestre de cerimônias e de cerimonialista vem aumentando cada vez mais no segmento de eventos.

São esses profissionais que organizam, conduzem e controlam um evento, proporcionando o equilíbrio para o alcance dos objetivos. Porém, antes de abordarmos a abrangência do papel desses profissionais no mercado de eventos, torna-se necessário ressaltar a importância de se proceder com esmero e cautela na organização de qualquer tipo de evento, assim como apresentar os conceitos sobre cerimonial e protocolo.

Iniciemos, portanto, pela importância do cerimonial nos eventos e nas cerimônias:

Cerimonial e Protocolo encerram assuntos polêmicos, controversos e, até certo ponto, elitizados, por serem pouco conhecidos, tecnicamente, entre muitos que organizam cerimônias.

Isso talvez se deva à escassez bibliográfica sobre o assunto, bem como ao pequeno número de instituições que promovem cursos ou palestras que possam contribuir para eliminar dúvidas, diminuir controvérsias e oportunizar orientação aos promotores de eventos.

De um modo geral, quando se fala sobre a necessidade de se usar o protocolo em cerimônias, depara-se com o achismo quanto aos procedimentos protocolares, seja em eventos corporativos, sociais, culturais ou esportivos, entre outros.

A maior preocupação de um promotor de cerimônias deve ser a previsão do que poderá ocorrer no ápice do evento, apesar de o evento estar bem ajustado, organizado e controlado.

Supor acontecimentos pode causar decepções, porém prever é mais seguro!

Não basta somente planejar o evento com eficiência. É preciso que se planeje, também, a cerimônia, com todo o cuidado e o uso de critérios próprios para cada etapa. Isso, ainda será pouco!

Os imprevistos, normalmente, acontecem e é nesse momento que o equilíbrio, o bom senso e o tino precisam estar em consonância na comissão organizadora, atenta a todos os detalhes.

Passamos, então, aos conceitos sobre cerimonial e protocolo:

Cerimonial, vem do latim "cerimoniale", que quer dizer cerimônia.

Protocolo, quer dizer formalidade, ou seja, o uso de procedimentos desejáveis, para cada tipo de cerimônia.

Por isso, a necessidade de se prever tudo, de se planejar com cuidado, com esmero, com respeito a todos envolvidos, sempre, buscando avaliar, criteriosamente, cada situação planejada e idealizada para o evento, e para a cerimônia.

O Cerimonial contém um conjunto de formalidades que devem ser observadas em um ato solene de qualquer natureza. Esse conjunto é norteado por regras que especificam as formalidades e as etiquetas protocolar e social.

Podemos afirmar que toda sociedade necessita de algo que a norteie, organize e discipline as relações humanas.

Só se vive em harmonia quando as regras de convivência e boas maneiras entre as pessoas são respeitas.

A cerimônia de um evento, bem planejada, proporcionará ao acontecimento, maior possibilidade de sucesso, porém, sempre com o uso de bom senso em todos os procedimentos protocolares do evento. Para se atingir esse objetivo, necessita-se unir duas forças importantes capazes de dar total êxito ao encontro.

São elas:

REGRAS **somadas** às NORMAS **formam** o ESTILO **do EVENTO.**

O que isso quer dizer? Que não se pode usar indiscriminadamente todo o rigor nos procedimentos protocolares de uma cerimônia.

Ao lidarmos com seres humanos, encontramos diferenças de todo o tipo: intelectuais, sociais, regionais, culturais, etc. Partindo-se de procedimentos bem ajustados, avaliando-se os prós e os contras de cada etapa da atividade, evoluímos do ideal ao possível, do imaginável à realidade.

Assim, conseguimos alcançar muito mais vitórias do que críticas injustificáveis de nossa parte ou mesmo fracassos nas diversas etapas da cerimônia.

Podemos afirmar que o protocolo é o *coração* de um evento!

O conhecimento de formas de tratamento, do uso de bandeiras, da precedência, da composição de mesa, do lugar de honra, da ordem das alocuções, da sequência nas apresentações e cumprimentos entre as autoridades, convidados especiais, das boas maneiras e comportamento protocolar, torna-se imprescindível aos profissionais que atuam em organização de eventos e de cerimônias.

CONSCIENTIZAÇÃO DA PROFISSÃO DE MESTRE DE CERIMÔNIAS E CERIMONIALISTA

É preciso conscientizar os profissionais que atuam e os que desejam atuar como mestre de cerimônias e cerimonialista em eventos, sobre a abrangência de seus papéis na preparação do protocolo.

Na realidade, não basta possuir uma boa voz e ter boa aparência para atuar como mestre de cerimônias ou cerimonialista. Ser mestre é dirigir, apresentar, comandar, informar e, principalmente, liderar uma atividade.

O cerimonialista fornece o apoio ao mestre de cerimônias, servindo de elo entre o promotor do evento e os convidados, checando todos os requisitos básicos para alcançar o sucesso e tranquilizar os que foram prestigiar o evento.

Um evento fica nas mãos do **MESTRE DE CERIMÔNIAS** enquanto faz a narração das diversas etapas. Isto significa muito comprometimento com a empresa promotora e com todos os participantes.

Quanto mais preparado estiver esse profissional e melhor entrosado com a empresa promotora e com toda a equipe de organização, mais consciente estará quanto ao seu papel no ofício.

Ao ser contratado para atuar como mestre de cerimônias ou cerimonialista é necessário ter a clareza do papel que cada um irá exercer no evento, ou seja, o profissional atuará como- mestre de cerimônias, chefe do cerimonial, porta-voz, *ring announcer*, locutor, apresentador, arauto, *ombudsman*, cerimonialista ou recepcionista?

Para cada atuação acima especificada, há um papel a desempenhar. A postura de cada profissional é diferente, levando-se em conta também, o objetivo, o público alvo, o local, o horário e a programação do evento.

Falar de Improviso:

Cada um destes profissionais, precisa estar preparado para sair de situações delicadas. O improviso deve fazer parte de sua experiência e capacidade profissional, como também o controle emocional.

Como improvisar?

Não existem regras para improvisos. Isso acontece de repente, naqueles segundos em que a mente precisa trabalhar mais rápido que a velocidade da luz. É o que denominamos *feeling*, *insight* ou presença de "espírito". Porém, o que facilita, significativamente, é o controle emocional.

Um alerta: sempre que for necessário, diante de algum engano ou erro, deve-se pedir desculpas e continuar a leitura do texto, imediatamente com profissionalismo e controle da situação. Não há necessidade de se alongar nas desculpas ou justificativas. Objetividade é o mais importante!

Como surgiu a figura do Mestre de Cerimônias?

Vem desde os rituais antigos do homem primitivo, pelo temor ao desconhecido, pela necessidade de acreditar em algo, pela solidão, pela disputa pelo poder, tudo se transformava em cerimônias de adoração e oferta.

Mas quem as realizava?

Alguém que tinha o " poder de liderar " um grupo. Era o cicerone dos acontecimentos.

Alguns exemplos durante a História da Humanidade:

Quando o pajé numa tribo indígena fazia os rituais, era o Mestre de Cerimônias. O mesmo ocorre nos dias de hoje. Em qualquer evento religioso temos o sacerdote nas Igrejas Católicas e os pastores nas Igrejas Evangélicas como mestres de cerimônias em diversos eventos: casamentos, batizados, missas, cultos;

Padres e pastores conduzem toda a cerimônia religiosa, distribuindo a palavra de Deus aos fiéis, que vão até o altar a fim de proceder à leitura dos textos, o que; ocorre também em outras denominações religiosas.

Saindo do campo religioso, podemos destacar o período medieval, época de reinados e impérios.- O mestre de cerimônias da época eram os anunciadores dos eventos e das comunicações dos reinados e impérios, assim como da presença dos nobres da monarquia..

Muito antes disso, encontramos a presença do mestre de cerimônias entre gregos, três mil anos A.C., anunciando as fases das reuniões que aconteciam nos anfiteatros.

Mil anos A.C., a China e o Japão utilizavam o mestre de cerimônias para a narração de torneios de arco e flecha. Já nessa época, ele utilizava a força e o ritmo da voz para destacar as equipes mais importantes, calçados num conceito de poder e nobreza.

Na Roma antiga, ele surge na figura do chefe dos trombeteiros que, sobre seu cavalo, após o toque das trombetas, anunciava a passagem do Imperador ou as medidas reais como o aumento de taxas, maiores submissão, proibições e sanções. Essas ações estenderam-se até o período medieval..

Depois desse período, na nossa era, com a presença muito forte da monarquia no mundo, o mestre de cerimônias aparece dessa vez, na figura do Arauto : vestido de acordo com os costumes da época, ele anunciava a entrada dos convidados em festas da nobreza, batendo três vezes um bastão sobre o batente, produzindo um som alto e seco.

O que é Arauto?

Segundo Lello Universal (antigo dicionário enciclopédico), arauto significa intérprete, internúncio que leva mensagens de uma parte a outra. Pregoeiro, proclamador.

Antigamente, o arauto levava, na guerra, os recados dos reis aos reis. Em Portugal, era o segundo dos três ofícios da armaria: o primeiro era o rei das armas, o segundo era o arauto, e o terceiro era o passavante. Competia ao arauto: declarar a guerra, intimar os praças a renderem-se, publicar a paz, assistir as cerimônias das aclamações dos reis, batismos, casamentos e funerais dos príncipes, estarem presentes nas cortes, nas renovações das alianças, nos juramentos solenes, nos banquetes reais, nas entradas de soberanos e nas outras cerimônias reais.

Outra Definição para Mestre de Cerimônias - MC:

MC é um acrônimo (um grupamento das letras iniciais de várias definições) para mestre de cerimônias;

O MC surge dos Estados Unidos junto com a cultura Hip Hop. Começou animando as festas enquanto o DJ misturava as músicas;

O MC divertia o público e apoiava o DJ e, mais tarde, começou a se afirmar como principal atrativo de festas de Hip-hop;

Muito popular agora no Brasil, os MCs desviaram das suas raízes no hip-hop e foram, a maioria, para o funk.

E hoje? Quem pode ser considerado mestre de cerimônias nos dias de hoje?

- As âncoras de telejornal e rádio jornal;
- Os locutores e apresentadores de rádio e televisão;
- Padres, pastores e guias espirituais;
- Os repórteres ao conduzirem as suas matérias escritas, faladas e visualizadas;
- Os apresentadores de programa de auditório;
- Os assessores de imprensa de algum órgão público, de alguma empresa ou de alguma personalidade;
- Os que realmente conduzem palestras e seminários, além de eventos oficiais e sociais, como desfile de moda, festa de debutante, entrega de algum prêmio como de cinema, teatro e/ou de música.

Na abertura dos jogos Pan-Americanos, por exemplo, havia três mestres de cerimônias nos idiomas espanhol, inglês e português, assim como em todas as partidas.

Em alguns eventos, o mestre de cerimônias não aparece. É apenas um locutor em off (ou seja, ele não aparece para o público, só a voz) que tem a função de chamar as autoridades e personalidades presentes para a mesa diretora, liberando-os em seus pronunciamentos.

Além disso, anuncia todos os acontecimentos que fazem parte do evento, constante na pauta.

Curiosidade:

- A comissão de frente das escolas de samba, são também consideradas mestre de cerimônias das escolas nos desfiles de carnaval, pois dão boas vindas ao público e apresentam a escola.

Mestre de Cerimônias em outras Profissões:

Outras profissões com atos de mestre de cerimônias usando ou não o verbo:

- A aeromoça ao apresentar a aeronave e os padrões de segurança;
- Os tradutores de sinais de surdo;
- Os professores ao apresentarem as matérias;
- Os alunos ao apresentarem o trabalho de grupo, pois sempre tem um que é nomeado a falar por todos.

Mestre de Cerimônia X Chefe de Cerimonial:

O Mestre de Cerimônias tem a mesma função que o chefe do cerimonial?

Não!

Por que não?

O chefe do cerimonial é responsável pelo planejamento e coordenação da cerimônia, em todas as suas fases, além do protocolo de implantação com as precedências e formas de tratamento de acordo com a legislação específica, planejando o roteiro da solenidade.

E é a partir do roteiro que entra o mestre de cerimônias, pois, com base nesse script, ele produzirá a pauta final, anunciando as fases do evento.

Quem pode ser o mestre de cerimônias?

Quais características profissional e pessoal ele precisa ter?

Mestre de Cerimônias precisa de conhecimento protocolar, treinamento e aperfeiçoamento sobre sua função.

Necessita saber o que fazer para sair de imprevistos, como se dirigir e conquistar as plateias, que são os verdadeiros donos do evento.

A vaidade, a prepotência e a arrogância não fazem parte da função do mestre de cerimônias. Como também a humildade excessiva, a timidez, o medo do público e o pânico não combinam com ele.

Portanto, a figura do mestre de cerimônias está sempre em posição de destaque, iniciando e conduzindo as fases de uma solenidade. Hoje, diríamos que é uma das pessoas mais importantes para a implantação de um evento, pois a partir de sua presença a atividade dará inicio.

Preparação para a profissão de mestre de cerimônias, segundo o manual básico de cerimonial do site do Governo do Estado de Santa Catarina.

Mestre de cerimônias é a pessoa encarregada de fazer a locução de solenidade, não devendo ser confundido com o Cerimonialista.

A participação do mestre de cerimônias é imprescindível numa solenidade, que se queira dar um tom oficial (clássico) ao evento.

O mestre de cerimônias deve ter boa voz, boa dicção e boa leitura.

Faz-se necessário familiarizar-se com o que irá acontecer no evento como um todo. Preferencialmente, redigir com os coordenadores ou a empresa promotora a pauta do evento, especificando a relação das autoridades, pela ordem de precedência.

É de grande importância desenvolver todos os procedimentos do evento, com antecedência à realização, com cautelosa avaliação. Do seu bom desempenho, dependerá o sucesso do evento.

Ter conhecimento do cerimonial público e oficial e iniciativa são requisitos básicos do mestre de cerimônias.

É necessário cuidar da aparência, roupas alinhadas, asseio corporal, cabelos bem cuidados, postura correta.

Se for do sexo feminino, tomar cuidado com brincos e decotes exagerados, mexer nos cabelos a cada momento, debruçar-se sobre a tribuna, entre outras posturas deselegantes. Ser discreta na apresentação, pois alguns eventos exigem segurança, seriedade e sobriedade.

Este profissional deve limitar-se no ato de apresentar a pauta acompanhando a sequência do evento e não procurar "fazer o show". O Mestre de Cerimônias não é um "Show-Man", mas um mediador, controlador da cerimônia.

Para se expressar bem, é necessário que a pessoa faça algum curso de locução, de dicção ou de oratória.

Diz o estudo da oratória que para ser um bom orador " não adianta apenas falar com elegância, é preciso convencer " o interlocutor ou a plateia.

É imprescindível a determinação e entusiasmo do apresentador convencendo a plateia que está apresentando aquilo que corresponde as suas expectativas, complementado por clareza e objetividade, utilizando acima de tudo, aquilo que temos de mais forte: o dom da palavra!

Fonte: www. wikipedia.com. br

ALGUNS TIPOS DE MESTRE DE CERIMÔNIAS:

Com o objetivo de complementar a abrangência do papel de mestre de cerimônias, apresentamos outras definições, de acordo com os seus tipos:

- **Mestre de cerimônias** - é o profissional que dirige o cerimonial de um evento.
- **Chefe do cerimonial** - é o profissional que assume a total responsabilidade da organização de toda a cerimônia de um evento, liderando-a do início ao fim. Nada deve ser feito sem o seu conhecimento.
- **Porta voz** - representa a palavra de uma autoridade institucional. Fala em nome de alguém, em rádio ou televisão.
- **Ring announcer** - é a figura do mestre de cerimônias usada nos espetáculos esportivos. Ex.ª: Luta de Box.
- **Locutor** - atividade profissional do radialista. Quando fora da cabine de locução ele anuncia autoridades em palanques, coretos, solenidades. Assume uma posição de pseudo mestre de cerimônias.
- **Apresentador** - o profissional que faz, às vezes, o papel de mestre de cerimônias. Apresenta desfiles de moda, produtos, lançamentos de marcas, grifes, programas de televisão.
- **Arauto** - é uma figura típica da época medieval, que nos cortejos reais ia à frente dos demais, anunciando a passagem da autoridade, visando chamar a atenção do povo. Também anunciava guerras, ordens reais, entre outras publicações solenes.
- **Ombudsman** - é o profissional representante de Instituições, que tem a incumbência de receber reclamações do povo. Em reunião, assume o papel de mestre de cerimônias.

DIFERENÇA ENTRE CERIMONIALISTA, RECEPCIONISTA E COORDENADOR DE EVENTOS

Cerimonialista: este termo se confunde muitas vezes com a atuação de um promotor de eventos. Porém, cerimonialista é o profissional que também organiza, administra, planeja, terceiriza, acompanha e dirige qualquer tipo de evento, apoiando, o mestre de cerimônias e a empresa promotora do evento.

Normalmente, este termo é mais usado em eventos sociais. A maior ou menor abrangência da atividade vai depender da necessidade da contratação, ou seja:

- Tipo de instituição, empresa ou pessoa física que venha contratar este profissional;

- Necessidade de terceirização de mestre de cerimônias, recepcionistas, seguranças, entre outros profissionais necessários ao evento.

- **Recepcionista:** é o profissional que recebe os convidados, entrega documentos, credenciais, formulários etc. Pode proceder inscrições para eventos, operar equipamentos, falar em microfone, organizar o local da atividade, encaminhar convidados entre outras atividades deste gênero.

- **Coordenador:** é o profissional que participa do planejamento, acompanha todas as etapas da atividade, podendo vir a se responsabilizar por tudo desde o início da organização do evento.

Observação: é aconselhável que a empresa promotora ou pessoa física que deseja realizar algum evento social, tenha sempre bem definida a abrangência do papel de cada profissional a ser contratado.

Isto, inclusive, facilita na especificação da remuneração de cada um.

É importante também não haver conflito de papéis, ou seja, um profissional executar várias funções, ao mesmo tempo, num mesmo evento. Normalmente, este procedimento, com certeza, prejudica o alcance do sucesso da atividade, ou seja, os resultados não serão os mesmos, caso não se distribua adequadamente as tarefas.

CARACTERÍSTICAS PROFISSIONAIS PARA SER UM MESTRE DE CERIMÔNIAS:

- Preocupar-se com o evento como um todo;
- Possuir boa voz dicção, vocabulário, pronúncia e timbre de voz;
- Apresentar boa aparência;
- Possuir postura elegante, expressão corporal e facial, proporcionando melhor presença;
- Proceder à boa leitura com concentração no que lê, pronuncia e apresenta;
- Conhecer normas de cerimonial público e oficial, estudando cuidadosamente a ordem de precedência entre os convidados para a mesa diretora;
- Seguir a precedência planejada e estudada, não alterando a pauta simplesmente por modificar, sem justificativa plausível;
- Ter iniciativa, a partir de uma visão geral de tudo: auditório, porta de entrada, principal e lateral;
- Possuir sensibilidade, sentimento de líder e de equipe;
- Conhecer boas maneiras e comportamento social, protocolar, ético e profissional;
- Conhecer implicações políticas;

- Possuir discernimento no vestuário adequado a cada tipo de evento, usando sempre o bom senso.

Fonte: www.megabrasil.com.br

RESPONSABILIDADES E PROCEDIMENTOS DE UM MESTRE DE CERIMÔNIAS

- Receber os convidados especiais e políticos, no dia do evento, caso não tenha o promotor, a cerimonialista ou recepcionista na recepção;
- Fazer sala se preciso for;
- Estar a par de todas as etapas do evento ou saber de quem obter informações e respostas precisas;
- Ser polido, discreto, profissional e atento;
- Elaborar a pauta de abertura, desenvolvimento e encerramento do evento, caso não tenham sido preparados pelo chefe do cerimonial e/ou empresa promotora do evento;
- Elaborar avisos aos participantes ou só fazer os comunicados previamente preparados pela comissão organizadora;
- Fazer citações de posições profissionais ou sociais de personalidades presentes, que não se pode deixar de ressaltar presença no evento.

OBSERVAÇÃO: as citações de personalidades importantes são registradas pelas recepcionistas numa ficha de citação, no momento que cada personalidade "VIP" chega ao local do evento. Vide modelo :

```
┌─────────────────────────────────────────┐
│        FICHA DE CITAÇÃO DE AUTORIDADES  │
│                                         │
│  NOME DA AUTORIDADE:_____   │
│                                         │
│  ÓRGÃO:_____   │
│                                         │
│  REPRESENTANDO:_____   │
│                                         │
│  ÓRGÃO:_____   │
│                                         │
│  OBSERVAÇÃO:_____   │
│                                         │
└─────────────────────────────────────────┘
```

- Elaborar os agradecimentos importantes como de patrocinadores, colaboradores, parceiros, entre outros que prestigiaram o evento;
- Saber das substituições de políticos, convidados especiais, entre outras alterações;
- Fazer a precedência e composição da mesa diretora das autoridades, observando a hierarquia, o papel de cada convidado e, principalmente, o direito de ocupar o lugar mais honroso;
- Entender sobre cabeceira de mesa, lugar de honra, em qualquer tipo de evento, seja em pé ou sentado;
- Distribuir, adequadamente, os convidados no local do evento, pensando sempre no conforto, na ordem, na disciplina e harmonia do evento;
- Narrar o evento como um todo e/ou só fazer a precedência e composição da mesa, deixando a condução do evento para o presidente ou anfitrião que fará a liberação dos discursos da cerimônia;

O ideal é que se combinem todos os procedimentos da cerimônia com antecedência entre o mestre de cerimônias, a comissão organizadora, o presidente ou anfitrião do evento. O entrosamento entre todos e ensaios são fundamentais para o alcance do sucesso no evento.

É importante a equipe de apoio estar ciente dos procedimentos planejados, conhecer os convidados especiais e autoridades para o dia do evento, as implicações políticas, enfim, tudo que for pertinente ao planejamento do evento, do início ao fim.

Este capítulo apresentou um bom conhecimento de tipos de mestre de cerimônias, responsabilidades, características profissionais e pessoais e diferenças de papéis de profissionais que atuam em organização de eventos, além de conceitos, definições e regras.

RECOMENDAÇÕES:

- Recomenda-se a realização de diversas reuniões e ensaios com a equipe contratada, pelo menos uns três encontros, no mínimo, antes da realização do evento, quando se terá a oportunidade de se eliminar dúvidas, proporcionar entrosamentos, justificar procedimentos estudados e idealizados, avaliar os prós e contras, oportunizando verificar contratempos.
- - É importante toda a equipe da comissão organizadora chegar com antecedência ao local do evento, antecipando-se ao público alvo, convidados especiais, autoridades e público em geral.
- - Prever contratempos, criar planos A, B e C, diminuindo-se imprevistos e improvisos.

- - Reforçar o plano de ação previsto, eliminar dúvidas da equipe, criando-se um " clima " de construção do **NÓS** é outro diferencial.
- - O importante, além disto, é comunicar-se um com o outro constantemente e, se for necessário, proceder às alterações no planejamento idealizado.

CONCLUSÃO:

Finalizando este capítulo, é importante ressaltar, que as profissões de mestres de cerimônias, cerimonialista, recepcionista entre outros tipos de mestres, estão em expansão no mercado de eventos.

Não existe um grau maior ou menor de importância em cada uma destas atuações. O bom desempenho de cada profissional fortalece e complementa o outro.

Reforçando o aprendizado:

- O chefe do cerimonial lidera e orienta toda a cerimônia e a equipe;
- O cerimonialista ou coordenador do evento, planeja, organiza, executa avalia e contrata profissionais para o evento. É aconselhável atuar na atividade desde a ideia inicial do evento, permanecendo, desta forma, com a memória.
- O mestre de cerimônias, narra, apresenta cada etapa do evento, ou seja, tudo que o cerimonialista ou o coordenador planejou, o mestre de cerimônias relata à plateia, por ocasião da execução do acontecimento, evidenciando o que foi desenvolvido na fase de preparação do mesmo.
- A partir do momento da viabilização de realização da ideia inicial de um evento, transformando-a em realidade, conforme vimos no início deste livro, no capítulo 3,

inicia-se, também a atuação do cerimonialista ou coordenador do evento.

- Em algumas cerimônias, é possível a atuação de todos estes profissionais sob a direção do chefe do cerimonial, que coordenará a cerimônia do início ao fim, norteando e orientando com precisão e cautela, o que facilita nos resultados significativos e favoráveis.
- E, a recepcionista fornece o apoio necessário a todos da equipe, assim como aos convidados.
- Tudo depende do tipo e abrangência do evento, do orçamento liberado para a atividade, do número de pessoas, do local de realização, e da necessidade de se contratar um ou todos estes profissionais para o evento.
- O importante, é que todas as responsabilidades estejam bem definidas ao proceder à contratação. Se não, os papéis poderão se confundir entrar em conflito, um executando a tarefa do outro, ocasionando duplicidade de tarefas e, principalmente, desgaste pessoal, gerando o estresse de todos.
- Quando se fala a mesma linguagem e cada um sabe qual é a sua responsabilidade os resultados são satisfatórios.

Capítulo 12

Segurança em Organização de Eventos

Organização de Eventos

Este capítulo pretende despertar nos organizadores de eventos que atuam em empresas, setores, departamentos, além de cerimonialistas, empresas promotoras, coordenadores, entre outros que atuam na área, a importância de se incluir no planejamento de suas atividades um tema de grande relevância, chamado SEGURANÇA EM EVENTOS.

Como organizadora de eventos, além de escritora neste segmento, estou consciente de que, não necessariamente, somos ou desejamos ser especialistas neste assunto. Até porque, por ser um tema de extrema importância, necessitaríamos de aprendizado, de treinamento e de diversas informações que não fazem parte, efetivamente, da prestação de serviços nesta área. Por isso, indicaremos algumas normas de segurança a serem seguidas.

Como podemos prevenir insucessos, desastres e tristezas em nossos eventos? É o que pretendemos abordar, de forma sucinta neste capítulo.

Vejam, por exemplo: ao organizarmos uma comemoração do tipo social, o que se idealiza? Alegria, luz, brilho, músicas, diversão, distração, confraternização, entrosamento entre os amigos, enfim, imaginamos tantas ideias boas e felizes, não é mesmo?

Além de tudo, o prestador de serviços quer agradar e manter o seu cliente, deixando-o livre para se divertir, assim como a seus convidados. Atitude saudável e louvável. Devemos agir assim sempre, independente do tipo de evento, de seu lucro e do tipo de cliente, "VIP" ou não. Deixar os outros felizes é a nossa missão como promotores de eventos.

Estando atentos a essa necessidade, cuidando da segurança dos convidados, já teremos dado um grande passo.

O que se observa, de modo geral, é que **segurança nos eventos** é o último item a constar de uma pauta. Ao contrário, deveria ser o primeiro item, logo após a definição da abrangência do evento.

Tomando como exemplo um evento para mil pessoas, necessita-se ter à porta do local uma ambulância e um médico.

Em evento para cinco mil pessoas, necessitam-se dois médicos, dois enfermeiros e duas ambulâncias.

Já no caso de eventos para mais de vinte mil pessoas, torna-se necessário avaliar, cuidadosamente, outras necessidades, recursos, procedimentos, mantendo no local pessoas altamente treinadas, seguras, equilibradas e prontas para auxiliarem os participantes ou convidados, em caso de emergência.

É, também, necessário informar aos hospitais próximos ao local do evento, mesmo que se encontrem em uma cidade vizinha, caso a comemoração não se realize na capital, o tipo de evento e quantas pessoas estarão sendo esperadas. A ideia é que o hospital tenha preparados ambulâncias, plantões mais efetivos e/ou se contatarem médicos e enfermeiros com facilidade, principalmente nas épocas de feriados prolongados. O mesmo se estende ao corpo de bombeiros, às polícias militar e civil.

Tudo o que for pensado e bem avaliado, com certeza ainda será pouco, em caso de acidentes graves.

Costumo usar a seguinte frase em um acontecimento:

"Em eventos NADA se pode supor, TUDO tem que se prever!"

Após planejar todas as etapas de segurança do evento, antes de seu acontecimento, é necessário ENSAIAR o planejamento idealizado com, preferencialmente, todos os envolvidos. Com os integrantes da comissão organizadora, sem sombra de dúvidas. Com as demais instituições envolvidas, com certeza fica mais difícil, o que não impede a realização de reuniões periódicas com cada segmento: hospital, corpo de bombeiro, polícia militar e civil, entre outros.

Lembrando:

É nos detalhes, às vezes, que se concentram as maiores preocupações. Costumamos ouvir dos apressados: *"Ah! Isto é detalhe! Não vejo necessidade de detalhar isto agora!"*

ALGUMAS NORMAS DE SEGURANÇA

A seguir, indicamos alguns aspectos importantes, acompanhados de normas de segurança:

- a saída de emergência precisa estar sinalizada;
- a largura das portas de saída deve ser de, no mínimo, 1,20m de largura, segundo normas internacionais;
- as edificações com mais de 10 mil metros quadrados devem ter uma brigada de incêndio, cuja adoção é dimensionada pela resolução SEDEC (Secretaria de Estado do Desenvolvimento Econômico - número 279/05). (vide www.sedec.rn.gov.br)
- as brigadas devem ser compostas por brigadistas civis, devidamente habilitados pelo CBMERJ – Corpo de Bombeiros Militar do Estado do Rio de Janeiro, sede do Evento. Nada impede que funcionários da edificação (empresa ou local do evento) sejam componentes da brigada de incêndio, mas, obedecendo os critérios da citada legislação, deverá haver um número mínimo de brigadistas civis exclusivos 24 horas por dia.
- sinalização no chão, mostrando a saída;
- avaliação de número de portas de entrada e saída do local;
- avaliação da largura dos corredores de sinalização;
- verificar o certificado de autorização para casas de cinema, boates, casas de shows, clubes, outros;

- verificar se, em caso de emergência, as pessoas conseguirão sair do espaço entre um até três minutos;
- verificar se existem detectores de fumaça;
- verificar se existem chuveiros automáticos no teto e se funcionam;
- avaliar as brigadas de incêndio;
- avaliar se as portas abrem com facilidade e, principalmente, para fora.

Obs.: Apressar obras em boates, clubes ou residências, com o objetivo de promover eventos mais rapidamente é, também, um erro irreparável, podendo trazer serias consequências e prejuízos até mesmo de vida humana.

A PERÍCIA DEVERÁ AVALIAR PREVIAMENTE

- em casas fechadas, a possibilidade de se usar artefatos e uso de inflamáveis. Isto é de suma importância;
- a capacidade de número de pessoas que comporta o local do evento;

Obs.: as questões acima valem, também, para eventos em residências, seja apartamento ou casa residencial, mesmo possuindo janelões, guardadas as devidas proporções.

- avaliar onde fica o extintor de incêndio;
- verificar quem sabe utilizá-lo, com firmeza, segurança e capacidade, mesmo que sejam os integrantes da comissão organizadora.

Obs.: qualquer extintor apaga incêndio sem explosão nos 30 primeiros segundos. Porém um extintor não apaga incêndio sozinho! Por isso, independente dos profissionais preparados e competentes para emergências, a comissão organizadora deve saber também onde os mesmos estão e como manuseá-los com segurança e precaução.

Observamos que em nosso país não se tem o fortalecimento de uma cultura de emergência. Por isso é preciso investir nessa ideia, nessa necessidade do treinamento como um dispositivo de segurança.

A comissão organizadora de um evento é corresponsável pela sua segurança, não importando o local escolhido, o tipo de evento para comemoração e nem se já existem os responsáveis pela segurança deste espaço.

A preocupação com a segurança deverá sempre existir em seu plano de ação. Só assim se poderão evitar acidentes, de menor ou maior proporção.

DISPOSITIVOS PREVENTIVOS USADOS COM MAIOR FREQUÊNCIA NAS EMPRESAS

- extintores portáteis, canalização preventiva (caixa de incêndio com hidrante e mangueiras);
- chuveiros automáticos (sprinklers);
- para-raios e escada enclausurada à prova de fumaça.

Todos estes dispositivos e equipamentos básicos de segurança precisam estar realmente funcionando, necessitando receber manutenção adequada e, com certeza, profissionais competentes para utilizá-los.

Tudo o que foi mencionado até aqui é uma responsabilidade social e, vale para qualquer tipo de ambiente onde se realizam acontecimentos para públicos em geral.

Conclusão

As grandes e médias empresas já se preocupam com a segurança de seu corpo funcional. Fazem treinamento e simulação de desocupação de prédios, promovem palestras pela CIPA, distribuem normas ou livretos de segurança para os departamentos e setores, fixam folhetos de orientação nos murais ou quadros de avisos, entre outras providências.

As empresas promotoras de eventos, em geral, devem observar o grau de importância que desperta o tema - SEGURANÇA EM EVENTOS, preparando todos os profissionais em prevenção de segurança e encarando esse tema como parte do planejamento geral das atividades.

A segurança é uma responsabilidade de todos, não somente dos órgãos competentes dessa área, como o corpo de bombeiros, a secretaria de segurança, a prefeitura, entre outros.

Vamos agir em conjunto na construção do NÓS e no bem estar Social! Sempre...

Bibliografia:
- www.sedec.rn.gov.br;
- Corpo de Bombeiro Militar.

Capítulo 13

Como realizar reuniões produtivas na preparação do pré – durante e após eventos

Organizar um evento de pequeno, médio ou grande porte, sem realizar reuniões periódicas com todos os envolvidos, é quase impossível.

Os eventos de grande porte e os de médio, exigem múltiplas reuniões entre patrocínios, apoios, colaboradores, clientes, equipes contratadas, entre outros que farão parte das coordenações dos setores definidos.

Contudo, os eventos de pequeno porte também exigem variadas providências e responsabilidades, não menos importantes que os outros.

É bem verdade que é um desafio focalizar a reunião como um imprescindível instrumento de trabalho, pois esta já se tornou uma palavra gasta, uma aversão para muitos, dadas as deficiências no seu planejamento, nos eficazes resultados esperados e, principalmente, na satisfação de presença de quem é convocado para a mesma. Claro, toda regra há exceção!

Deve-se, entretanto, entender a reunião como um fato normal no segmento de eventos, nas organizações e nos grupos sociais, constituindo-se um instrumento de comunicação, de liderança e de planejamento que são as "armas" de que dispõem um bom organizador, promotor e coordenador, entre outros, para o perfeito desempenho das suas funções.

Nesta perspectiva, foi desenvolvido este Capítulo, esperando-se influenciar, fortemente, este segmento para a qualidade e a produtividade das reuniões, que deverão compartilhar: informações e planos de ações; soluções de problemas; identificação de disfunções; tomadas de decisões; novas ideias e projetos; definições de metas e de responsáveis por cada bloco de atividades do projeto, do evento como um todo.

O sucesso de um evento, inicia-se com reuniões bem planejadas, com disciplina na preparação da pauta, com a convocação das pessoas certas para participarem da mesma e, principalmente, com a responsabilidade de se fazer cumprir o que ficou definido em cada encontro anteriormente.

Assim sendo, apresentamos, a partir de agora, os procedimentos a serem seguidos na organização de reuniões produtivas.

CONCEITOS DE REUNIÃO

- É uma técnica de trabalho pela qual possibilitamos a informação, a participação e a cooperação entre os membros de um grupo;
- É um trabalho conjunto entre duas ou mais pessoas, para se resolver
- planos de trabalho, ideias, projetos, decisões, entre outras necessidades;
- É um meio efetivo de envolver as pessoas na solução de problemas e na tomada de decisões;
- É um significativo esforço cooperativo de um grupo de pessoas na busca da solução de problemas.
- FATORES QUE CONTRIBUEM PARA O USO DA TÉCNICA DA REUNIÃO NA SOLUÇÃO DE PROBLEMAS
- A diversidade de estilos das pessoas, o que amplia os horizontes, fazendo surgir novas formas de encarar um problema;
- O grupo gera mais informações e conhecimentos, chegando-se a uma melhor solução;
- O entendimento e o compromisso com as decisões tomadas;
- As características do problema organizacional, que envolvem complexidade, gera o estabelecimento de informações a mais na solução tomada;

ORGANIZAÇÃO DE EVENTOS

- A cooperação e a coordenação interdepartamental ou de empresas e colaboradores envolvidos no evento, são melhor encaminhados, através da utilização de grupos.

A REUNIÃO POSSIBILITA, AINDA:

- A integração das pessoas e a formação de equipes de trabalho;
- O equacionamento de problemas através da análise das contribuições dadas;
- A troca de experiências vivenciadas pelos participantes e a transmissão aos demais colaboradores;
- O convencimento de pessoas sobre a validade de determinadas ideias;
- A utilização da reunião como uma forma de treinamento;

MITOS COMUNS EM REUNIÕES	
MITOS	REALIDADES
A. O número de participantes define a qualidade da equipe;	A. Grupos menores são mais eficientes;
B. Reuniões frequentes melhoram o nível de comunicação;	B. A comunicação é um produto de uma ação eficaz;
C. A interação propicia a solução;	C. As soluções advêm do trabalho árduo;
D. A ação é responsabilidade do líder;	D. Os participantes são responsáveis pelas ações de comportamento;
E. Diferenças de opiniões conduzem ao consenso em reuniões;	E. Há pessoas que saem de uma reunião com suas opiniões divergentes reforçadas;
Liberdade de expressão define o sucesso da reunião.	F. As discussões por si só não podem conduzir as ações.

FATORES DETERMINANTES NA PREPARAÇÃO DE REUNIÕES

- A definição dos objetivos;
- A agenda, a data, o horário e o local;
- A escolha dos participantes certos para a reunião;
- A divulgação da agenda da reunião previamente.

PASSOS PARA UMA REUNIÃO

- Antes da reunião:
1. Planeje a reunião cuidadosamente, pensando em: quem, qual, onde, por quê e quando;
2. Preparar e enviar a agenda da reunião anteriormente;
3. Chegar mais cedo e arrumar a sala;
4. Verificar o equipamento de som, de audiovisual etc.;
5. Providenciar o apoio logístico necessário;
- No Início da reunião:
6. Começar na hora marcada;
7. Fazer as apresentações dos participantes e levantar as expectativas para a reunião;
8. Definir claramente os papéis de cada um;
9. Rever, revisar e ordenar a agenda;
10. Determinar com clareza, o limite de tempo;
11. Rever os itens de ação para a reunião seguinte;

- Durante a reunião:
12. Manter a decisão endereçada aos objetivos da reunião;
13. Observar e anotar todas as opiniões dos componentes;
14. Olhar para todos ao fornecerem opiniões ou sugestões;

- No fim da reunião:

15. Estabelecer os itens de ação: quem, o quê, onde e quando;

16. Rever a memória do grupo, a fim de providenciar: ata ou relatório;

17. Marcar a data e o local da próxima reunião e desenvolver a agenda preliminar;

18. Avalie a reunião;

19. Encerrar a reunião decisiva e positivamente. Toda ideia é sempre bem-vinda!

20. Limpar e arrumar a sala;

- Depois da reunião:

21. Preparar o relatório ou comunicação ao grupo e distribuir aos interessados;

22. Acompanhar os itens de ação e começar a planejar a próxima reunião.

A PREPARAÇÃO DO RELATÓRIO

Ações posteriores devem surgir como resultado direto de uma reunião. Para tanto, se deve encaminhar a minuta (registros feitos) da reunião aos participantes. Agindo desta forma, embora se demora um pouco mais, se permite maior clareza e correções que forem pertinentes.

Ela poderá conter:

- Data, horário e local da reunião;
- Nomes e setores dos participantes;
- Tópicos da pauta que foram discutidos;
- Definição dos problemas;
- Alternativas apresentadas;
- Soluções acordadas;

- Atribuições e responsabilidades delegadas e aceitas pelos envolvidos;
- Prazos finais;
- Ações de acompanhamento;
- Outras definições pertinentes ao evento.

QUANDO FAZER UMA REUNIÃO:

- Para respostas precisas e assertivas de várias pessoas sobre um assunto;
- Para envolver o grupo na tomada de decisões, reconciliação de situações ou na busca de consenso;
- Se deseja trocar informações e experiências com o grupo;
- Se existem questões a serem esclarecidas, compartilhadas, expostas aos demais participantes;
- Se existem exigências legais (da empresa, do governo ou de outras instituições) a
- serem colocadas ou esclarecidas.

QUANDO NÃO FAZER UMA REUNIÃO:

- Outra forma de comunicação se torna mais rápida ou adequada;
- Não houver um preparo adequado para a reunião por falta de tempo, atraso na comunicação ou escassez de dados;
- As pessoas que realmente tomarão as decisões sobre os assuntos discutidos não estarão presentes;
- Existem posições irreconciliáveis já conhecidas de antemão;

- O assunto é um ato trivial que não merece gasto de tempo nele, podendo-se resolver por mensagens ou outros meios tecnológicos mais sofisticados e atuais.

ELEMENTOS INDISPENSÁVEIS À PAUTA DE UMA REUNIÃO:

- Título da reunião;
- Objetivos da reunião;
- Horário e local;
- Participantes certos de acordo com o assunto;
- Tópicos a serem discutidos;
- Sumarização:
  * Leitura do relatório;
  * Encaminhamento.
- Avaliação da reunião;
- Comunicação de decisões tomadas às outras pessoas que são envolvidas indiretamente.

PLANO DE AÇÃO PARA O CONTROLE DA REUNIÃO:

1. Estabeleça diretrizes e não regras;
2. Mantenha-se em sintonia com os seus participantes;
3. Refira-se, sempre, à pauta para alterar a direção que a reunião estiver tomando e não às pessoas;
4. Indique o horário de início e término da reunião e esforce-se, ao máximo, para seguir estas restrições. Se for possível haver intervalos, isto é aconselhável;
5. Quando o assunto for urgente, permita discussões que não fazem parte da pauta, ou seja, que não foram planejados, mas, tornou-se importante discutir o mesmo;

6. Verifique a participação. Para certos tópicos a contribuição de alguns participantes é essencial, então, provoque a participação, caso não venha espontaneamente;
7. Encoraje todos a contribuírem com algo de valor;
8. Controle, com tato, a participação durante a reunião;
9. Reveja, criticamente, o seu papel de líder;
10. Olhe sempre para aquele que está expondo a sua ideia ou sugestão;
11. Respeite os limites dos participantes;
12. Incentive ou provoque participação de todos;
13. Auxilie aqueles que se atrapalham nas exposições das suas ideias, esclarecendo pontos confusos;
14. Seja um orientador, um encorajador e norteador de ideias e não um ditador ou crítico;
15. Respeite o seu semelhante, tenha ele que posição hierárquica.

O PLANO DE AÇÃO DO ACOMPANHAMENTO:

1. Durante a reunião, esteja atento às necessidades de acompanhamento e ao registro (minuta) das mesmas;
2. Determine as atribuições tão específicas quanto possível, incluindo o prazo final exato;
3. Após a reunião, envie uma mensagem, fale por telefone ou faça visitas, confirmando as atribuições delegadas, ou seja, faça o acompanhamento;
4. No caso de uma atribuição a alguém de outra empresa, parceiro ou outra instituição, confirme tanto com a pessoa quanto com o seu superior hierárquico. Desta forma todos falaram a mesma linguagem;

5. Para atribuições críticas utilize as pessoas com as quais se podem confirmar os dados confiáveis;
6. Evite delegar atribuições a pessoas que não as cumpram;
7. Faça o acompanhamento imediato. Quanto maior a distância entre a reunião e o seu contato, menores as chances de que o trabalho seja feito;
8. Controle os registros de suas reuniões para enfatizar as decisões tomadas. Os registros servem como lembrete e para assegurar a continuidade da comunicação;
9. Nunca imponha uma tarefa a alguém. Facilite a delegação e assegure o sucesso;
10. Quando delegar responsabilidade a um superior hierárquico, a um parceiro, ou apoio, entre outros de fora da Comissão Organizadora, coloque a sua solicitação cuidadosamente, em forma de uma pergunta ou de uma gentil sugestão. Todo cuidado é pouco, pois poderá melindrar a pessoa.

DIRETRIZES PARA AÇÕES POSTERIORES

1. Certifique-se de ter recebido uma atribuição específica antes de prosseguir;
2. Envolva outras pessoas na execução da sua atribuição;
3. Quando encontrar resistência por parte de alguém, confronte a resistência e não a pessoa;
4. Documente e controle a memória de cada solicitação feita;
5. Utilize a linha de comando;
6. Esteja ciente dos prazos e das limitações de recursos das outras pessoas;

7. Uma vez que consiga que outros concordem com você, faça o acompanhamento através de um documento explicativo;
8. Agradeça, sempre, a ajuda dos outros;
9. Nunca perca um prazo final;
10. Se você finalizar o trabalho antes do prazo, deve submetê-lo somente após verificar sua precisão;
11. Encontre um momento para refletir antes da reunião e ao terminá-la. Este procedimento o auxiliará a esclarecer dados, circunstâncias e fatos, preparando-se melhor para se defrontar com a situação;
12. Não se precipite, não se exponha. Um líder precisa manter-se líder.

CONCLUSÃO

Organização de Eventos

Como o principal objetivo deste livro é orientar aqueles que promovem eventos, temas como técnicas grupais, impasses na organização de acontecimentos, preparação de projetos, planejamento financeiro, check-list, glossário de eventos e liderança de atividades, foram abordados, como suporte de regras e procedimentos norteadores para atender às necessidades de leigos, iniciantes ou especialistas nesse segmento.

Contudo, a maior ênfase reside na conscientização da responsabilidade de liderar, organizar ou promover eventos com segurança, confiança, orientação, sabedoria, além de enfatizar o poder do líder na gestão de eventos de negócios, de lazer ou de turismo.

Com certeza, o êxito e o sucesso absolutos na concretização de um evento se encontram na liderança exercida com eficiência e eficácia.

Ao concluir este livro, mais uma vez, desejamos reforçar um tema abordado no capítulo IV - LIDERANÇA DE EVENTOS.

Não basta apenas contratar mão-de-obra especializada para a promoção do evento, deixando soltas as diretrizes do planejamento, sem que o líder acompanhe todas as etapas de perto, orientando com sabedoria, segurança e poder.

Segundo Stephen R. Covey, em seu livro "OS SETE HÁBITOS DAS PESSOAS ALTAMENTE EFICAZES", "toda pessoa possui uma missão pessoal" que pode ser caracterizada desta forma:

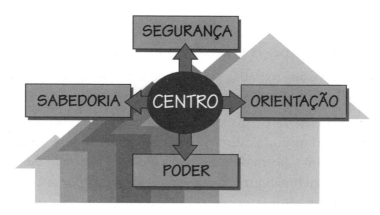

CENTRO

O centro é a lente que usamos para observar o mundo, ou seja, tudo ao nosso redor.

Aqui residem nossos paradigmas mais básicos e é aqui que estão a nossa visão e os nossos valores, nossos dons de autoconsciência para examinar os mapas do mundo.

Utilizamos o dom da imaginação para criar o objeto desejado; o que estiver no centro de nossa vida será a fonte da segurança.

O PODER

O poder é a energia vital para se fazer escolhas e tomar decisões.

É a faculdade ou capacidade para agir; a força e a potência para conquistar algo.

A SEGURANÇA

A segurança representa o senso de valor, a identidade, a estabilidade emocional, o amor próprio, a força pessoal básica.

É uma orientação clara que gera a sabedoria.

A SABEDORIA

A sabedoria representa a faísca ou o catalisador que liberta e dirige o poder. É a perspectiva de vida, o senso de equilíbrio e compreensão.

A ORIENTAÇÃO

A orientação representa a fonte do rumo na vida.

São as decisões tomadas a partir de interpretações do mapa da vida. Ela governa as decisões e atitudes do homem.

Finalmente, para o sucesso de qualquer empreendimento, vale lembrar a importância das dimensões que compõem o ser humano e das quais resultam o aprimoramento pessoal e profissional de cada um de nós, independentemente da missão que nos propomos: a física, a mental, a sócio–emocional e a espiritual. Essas dimensões nos permitem visualizar o projeto, replanejá-lo se necessário, buscando sempre o aperfeiçoamento e a segurança desejados.

GLOSSÁRIO TÉCNICO DE EVENTOS

Organização de Eventos

Este glossário é o conjunto de diversos termos usados no segmento de eventos, para efeito de se contratar terceirizados, definir tipos de planos de mídia, definir procedimentos, meios e maneiras de se comunicar nessa área.

É importante usar os termos corretos, de acordo com o plano de mídia. Com isto, demonstra-se, também, conhecer sobre o que se deseja fazer, a comunicação é mais direta e objetiva e os resultados são mais satisfatórios, pois pode-se explicar aos contratados e terceirizados exatamente o que se espera deles.

ACORDO DE COLOCAÇÃO
Contrato verbal ou escrito entre o ponto-de-venda, o anunciante e o vendedor do serviço, descrevendo as condições de colocação da publicidade.

ADESIVO
Lâmina impressa sobre um suporte adesivo recortado.

ADESIVO DE DUPLA FASE
Adesivo que permite afixar em ambas as faces de um vidro.

AMPRO
Associação de Marketing Promocional.

ANIVERSÁRIO
Em festas bem informais, pode-se pedir que cada convidado colabore com um prato de doce ou salgado e o anfitrião providencia as bebidas. O importante é coordenar para garantir a variedade de pratos. O convidado só pergunta se precisa levar alguma coisa quando o anfitrião for íntimo. Não se deve fazer isso com pessoas que recebem de forma tradicional. Neste caso, deve-se levar flores ou presente para o aniversariante.

ANODIZAÇÃO
Proteção ou decoração de uma peça de alumínio por oxidação anódica.

APLAUSO
Quanto a esse ato de demonstração de entusiasmo, ou de homenagem, recomenda-se ter cautela e aguardar de preferência a manifestação de pessoas que têm maior conhecimento do momento ou da ocasião de aplaudir.

APOIO DE PESSOAL

Trata-se de todo o pessoal necessário ao evento, quer seja contratado temporariamente ou terceirizado, que deverá ser previamente selecionado, ficando essa incumbência a cargo da empresa organizadora do evento.

APOIO EXTERNO

São todos os serviços desenvolvidos em benefício do evento, fora de sua localização física, quer sejam pelos profissionais da empresa organizadora ou por empresas terceirizadas.

APOIO LOGÍSTICO

São todos os itens que irão permitir a operacionalização do evento, fornecendo subsídios aos apoios administrativo, de pessoa e externo.

APOIO OPERACIONAL

É toda a infra-estrutura física necessária que irá dar suporte, direta ou indiretamente, à realização do evento.

ARGOLAS

De metal, de resina sintética, ou de porcelana são usadas para prender guardanapos. No caso de metal, podem ser diferentes entre si, mas os guardanapos devem ser iguais. Elas são colocadas sobre o prato ou à esquerda dele. Quando o guardanapo for colocado ao colo, a argola deverá ficar pousada sobre a mesa, à esquerda.

ARMAÇÃO

Elemento rígido que segura os vários componentes de um expositor.

ARTE FINAL

Produto final gráfico ou informatizado do qual se obtém o fotolito.

ASSINATURA

Numa relação profissional, sempre que se digitar uma carta ou um bilhete, enviado ao destinatário por fax, escrever o nome de quem envia a mensagem à mão e abaixo do texto, com a habitual forma de encerrar uma comunicação: "Cordialmente", "Atenciosamente" ou "Um abraço".

ATIVIDADE

Elementos de trabalho executado durante o curso do projeto e que consome tempo e recursos.

AUTO-SERVIÇO

Sistema de vendas no qual o consumidor tem acesso direto ao produto.

AVALIAÇÃO

É o período posterior à realização do evento. É o momento do balanço final dos acontecimentos, resultados e gastos. Mas pode-se, e deve-se, avaliar um evento durante todo o tempo de duração deste.

BACK-LIGHT

Peça retroiluminada apresentando mensagem ou imagem.

BALCÃO DE DEGUSTAÇÃO

Stand que tem como objetivo dar a conhecer ou divulgar de forma personalizada um produto apresentado por um promotor ou demonstrador.

BANDEIROLAS

Conjunto de cartazes pendurados em varal para decoração do PDV (ponto de venda).

BANDEJA DE TROCO

Suporte colocado sobre o balcão com publicidade impressa e sobre o qual se devolve o troco.

BANNER

Peça impressa em material rígido ou flexível terminada em formato reto, arredondado ou em "V" para ser fixada verticalmente.

BIOMBO

Elemento de três ou mais partes que cumpre função de display articulado.

BLACK TIE

É o traje a rigor, *habillé* ou tênue de *soirée* (traje de noite). Se o convite pedir *habillé*, pode ser roupa curta ou comprida, mas tem que ser muito chique. Bordados, rendas e brilhos são muito bem-vindos. *Black tie* não deixa dúvidas: é o traje social levado ao extremo da sofisticação. Para os homens é simples: smoking completo, que inclui camisa branca de pala, gravata-borboleta e faixa de cetim.

BLIMP

Inflável hermético de grandes dimensões, colocado em ambiente amplo e externo contendo mensagens e/ou imagens, normalmente alimentado por gás.

BLISTER

Apresentação de um produto embalado entre um suporte de cartão e uma estrutura de plástico transparente, permitindo a visualização do mesmo.

BONECO
Projeto de material gráfico destinado a dar uma ideia do aspecto que terá a peça.

BOTTON/PIN
Peça promocional em forma de broche, que pode ser produzida em diferentes formatos.

BOX PALLET
Caixa utilizada para o transparente e a apresentação de mercadoria nos PDV (pontos de venda) de grande volume (supermercado, hipermercados e atacadistas).

BRISTOL
Peça onde se lê o nome de cada participante de um evento, localizada à frente do mesmo, sobre a mesa.

BROASIDE
Folheto destinado ao público interno e intermediário (distribuidores e varejistas) apresentando o produto e a sua campanha de comunicação.

CARTÃO DE BRAÇO
Cartão entregue ao convidado à entrada com a indicação do seu lugar à mesa.

CARTÃO DE MESA
Utilizado para marcar o lugar do convidado à mesa. Pode ficar acima do guardanapo, sobre o prato ou logo acima dos talheres de sobremesa, encaixados em porta-cartões (*placement*).

CARTÃO DE PLANO
Utilizado para marcar o lugar do convidado no plano de mesa, em jantares com grande número de pessoas, facilitando encontrar determinada mesa no salão.

Obs.: em banquetes, o convidado consulta, ao chegar, o "*placetable*" (que deverá se encontrar na ante-sala do banquete), a fim de identificar o seu lugar.

CARTAZ DE PDV
Peça impressa em papel ou outra superfície, apresentando mensagem e/ou imagem, para ser fixado no PDV.

CARTAZETE
Cartaz menor de diversos formatos, geralmente utilizado em PDV.

CATÁLOGO
Material destinado a ilustrar os produtos/serviços que a empresa disponibiliza aos clientes.

CAVALETE
Elemento de sinalização móvel, geralmente na entrada de um ponto-de-venda.

CERIMONIAL
É um conjunto de formalidades que se deve seguir em um ato solene ou em uma festa pública.

CHECK LIST
Listagem com as atividades do evento. Serve para dar suporte e organização do evento. Lista de pendência. É uma das formas mais elementares de estruturação de uma sequência de atividades, sendo suficiente tanto para projetos pequenos, médios e grandes, que envolvem poucos ou muitos recursos.

CORNER
Conjunto de elementos de apresentação de uma marca ou de uma linha de produtos formando uma mini loja dentro do PDV.

COROA
Peça impressa a ser fixada na parte superior do expositor.

COVERS
Número de pessoas que devem ser servidas durante um evento que tenha serviço de alimentação.

CROMADO
Acabamento final de proteção ou de decoração de um objeto metálico ou plástico à base de cromo.

CROMALIN, DU PONT
Prova obtida rapidamente por processo fotográfico com depósito de pigmentos coloridos.

CRONOGRAMA
Representação gráfica da previsão de execução de um trabalho/evento onde indicam-se prazos em que se deverão executar as suas diversas fases.

CUPOM
Peças distribuídas aos consumidores, oferecendo vantagens (descontos, sorteios, brindes e outros) na aquisição de determinados produtos.

DISPENSADOR AUTOMÁTICO (shelf extender)
Sistema de colocar em primeiro plano o produto, por meios mecânicos ou por gravidade, podendo ser adaptado a uma prateleira.

DISPLAY
Qualquer elemento destinado a promover, apresentar, expor, demonstrar e ajudar a vender qualquer produto ou serviço, podendo ser colocado diretamente no solo, vitrine, balcão ou gôndola. Pode ser: de estrutura de alumínio, de madeira ou de acrílico.

DURATRANS KODAK
Filme de poliéster translúcido, produzido por processo fotográfico, utilizado para impressão de mensagens e/ou imagens em *back lights*.

EMBALAGEM *DISPLAY*
Embalagem que também funciona como *display*.

EMBALAGEM PROMOCIONAL
Embalagem produzida para utilização específica numa determinada promoção (datas comemorativas, "leve 3 pague 2", inclusão de brindes e bônus em volume).

EMPASTAR
Colar uma folha sobre um suporte mais rígido ou ondulado.

EVENTO
É um acontecimento onde as pessoas se reúnem com o intuito de buscar ideias de cunho profissional, cultural, político, administrativo e financeiro, religioso, comemorativo etc. É, também, uma oportunidade para atrair a atenção do público da mídia falada, escrita e televisada sobre a instituição ou o produto objeto do evento.

GESTÃO

Processo coordenando a execução das tarefas planejadas, liderando, delegando e motivando pessoas.

ILHA

Exposição de produtos permitindo acesso por todos os lados.

IMPRESSÃO CONTÍNUA (rotativa)

Impressão utilizando um suporte em bobina sobre máquina rotativa.

INFLÁVEL

Peça feita de material plástico flexível e hermético, para se encher de ar, onde são impressas ou pintadas mensagens ou imagens.

INFLÁVEL GIGANTE

Objeto de grandes proporções feito de material emborrachado ou *nylon* com alimentação contínua de ar por meio de um motor.

INJEÇÃO

Introdução, sob pressão elevada, de matéria plástica fluidificada por calor dentro de um molde fechado.

INSUMOS

Recursos consumíveis durante a execução das atividades.

LETREIRO

Denominação nominal ou simbólica de uma marca comercial afixada na parte externa do PDV.

LETREIRO ANIMADO

Letreiro equipado com dispositivos mecânicos, elétricos ou eletrônicos permitindo movimentar a mensagem ou apresentação.

LUGAR DE HONRA

Situado à direita e à esquerda da pessoa de maior hierarquia, presidente ou anfitrião da mesa, no local onde se realiza o evento.

LUMINOSO
Peça de comunicação iluminada, contendo texto ou imagem com utilização interna ou externa no PDV.

MALA DIRETA
Sistema de informação direta com o participante.

MANTA ADESIVA
Material magnético flexível, comportando impressão de mensagens.

MAQUETE
Projeto em escala reduzida do elemento de merchandising.

MATCH-PRINT 3M
Prova rápida obtida por processo fotográfico.

MATERIAL PERMANENTE
Peça produzida para longo período de exposição no PDV.

MATERIAL TEMPORÁRIO
Peça com ação específica de curta duração (em geral inferior a três meses).

MÓBILE
Peça promocional aérea sustentada por fios.

MOCK UP
Simulação/boneco de um produto ou embalagem geralmente em escala maior, utilizado para produção temporária.

MODULAR
São elementos montados por justaposição, superposição ou encaixe, segundo a quantidade de produtos a apresentar ou de acordo com o espaço disponível.

MOSTRUÁRIO
Conjunto de amostra de produtos.

MULTIPACK (FOURPACK, SIXPACK)
Embalagem agrupando quantidade do mesmo produto com finalidade promocional.

ORGANIZADOR DE EVENTO
Pessoa ou empresa especializada prestando serviços de assessoria, planejamento e organização de eventos.

PACKSHOT
Tomada exclusiva em close do produto usado na produção da mídia eletrônica.

PDV
Ponto de venda.

PILHA
Agrupamento de produtos em locais de grande circulação.

PLACA INAUGURAL
Placa geralmente em bronze, utilizada no registro de datas de inauguração de obras, salas, monumentos etc.

PLACEMENT
Porta-cartão, escrito com letra caprichada o nome de cada convidado.

PLANO
Definição de uma via de ação. É flexível e vagamente dimensionado.

PLASTIFICAÇÃO
Aplicação de um filme transparente, opaco ou brilhante, para melhorar o aspecto e proteger o papel ou papelão.

PODIUM
Móvel formado por módulos utilizados em competições.

POLIESTIRENO
Material plástico utilizado em peças promocionais feitas em *vacuum forming*.

PONTA DE GÔNDOLA
Espaço nobre localizado nas extremidades das gôndolas e muito usado para promover e aumentar o giro dos produtos.

PONTO FOCAL (exibidor)
Expositor que sintetiza uma ou várias unidades da família de produtos à venda.

PORTA CARTAZETE
Suporte com trilhos nas laterais permitindo a troca dos cartazes. Pode ser de acrílico, madeira ou alumínio.

PORTA FOLHETO (*TAKE ONE*)
Display oferecendo folhetos.

POSTER
Suporte de papelão para ser colocado em superfícies verticais – paredes, portas, divisórias.

PRATICÁVEL
Plataforma elevada colocando em destaque o palestrante e a mesa de honra. Pode ser fixo ou não.

PRECEDÊNCIA
O direito de ocupar, em eventos oficiais, o lugar mais honroso, de acordo com os cargos, as posições hierárquicas e o papel de cada um no evento. É o que precede, o que vem antes.

PROGRAMA
Subdivisão do plano já delineado do dimensionamento de recursos alocados. É, também, o conteúdo de uma atividade, tudo o que será tratado no evento.

PROGRAMAÇÃO
É a apresentação organizada do horário, temário e todas as atividades a serem desenvolvidas durante o evento. É essencial que os tempos para todas as atividades e participações estejam definidos, com exatidão, para que o interessado se organize no decorrer do evento.

PROJETO
É o conjunto de antecedentes permitindo avaliar as vantagens e desvantagens econômicas do fato de se destinarem recursos de um país à produção de determinados bens ou serviços. É, também, uma série de atividades interrelacionadas executadas para atingir um resultado final específico.

PROMOTOR
Profissional designado para divulgar, demonstrar, expor, organizar, alocar e repor produtos dentro do estabelecimento comercial.

PROTÓTIPO
Projeto em tamanho natural do elemento de *merchandising*, construído artesanal ou mecanicamente.

PROVA DE MÁQUINA
Prova obtida na máquina no início da impressão.

PÚBLICO-ALVO
São as pessoas ligadas ao tema principal do evento.

PÚLPITO OU TRIBUNA
Móvel para a apresentação de um palestrante, para o orador, mestre de cerimônias, padre ou pastor.

QUADRICROMIA
Impressão realizada através das três cores primárias – cyan, amarelo e magenta - e o preto.

R.S.V.P.
É o pedido de resposta a um convite (*Répondez s'il vous plaît* ou Responda, por favor). Fica à direita, embaixo do convite, acompanhado do telefone para a resposta.

RECURSOS
Designação dada a pessoas, competências, equipamentos, materiais, locais e capital necessário para a execução das atividades e cuja falta possa restringi-las.

RÉGUA (faixa de gôndola)
Peça produzida em diversos materiais para ser colocada na parte frontal das prateleiras das gôndolas, servindo como delimitador de espaço dos produtos e/ou como aparador das embalagens, podendo conter mensagem.

REIMPRESSÃO
Novo lote de impressão.

RESINITE
Material plástico de fina espessura para melhor apresentar e proteger a embalagem.

SACOLA PROMOCIONAL
Sacola, em diversos materiais, impressa com mensagens e/ou imagens promocionais.

SALA DE IMPRENSA
É o local previamente montado e equipado para recepcionar a imprensa e fornecer as informações sobre o evento.

SALA VIP
Local onde as autoridades, convidados especiais e palestrantes são recepcionados pela comissão organizadora do evento.

SAMPLIG (AMOSTRA GRÁTIS)
Versão do produto em quantidade reduzida distribuída gratuitamente aos convidados para motivá-los à experimentação.

SCANNER
Equipamento eletrônico para captar imagens analógicas, transformando-as em atendimento e *check-outs* próprios

SHOP IN SHOP
Espaço de comercialização de um grupo de produtos, dentro do ponto-de-venda, com atendimento e *check-outs* próprios.

SHOW
Evento caracterizado pela apresentação ao público de entretenimento, com fim cultural ou não, baseado em música, dança ou teatro. O *show* pode pertencer a qualquer das categorias de eventos (institucionais ou promocionais), mas necessita de planejamento específico.

Observação: O *show* pode ser usado, com sucesso, como alavancagem para outro tipo de evento, campanhas institucionais ou promocionais.

SHRINK
Processo de empacotamento através de filme transparente com a finalidade de agrupamento ou proteção.

SILK SCREEN
Processo e impressão por transferência de tinta sobre um suporte através de uma tela de seda ou de *nylon*.

SPLASH
Forma gráfica de destacar ou caracterizar produtos/serviços.

STICKER
Pequeno adesivo publicitário.

STOPPER
Elemento publicitário sobressaindo perpendicularmente à prateleira ou gôndola.

TAG
Etiqueta.

TALAR
Vestido, bata ou batina, que desce até os calcanhares, utilizado em sessões solenes dos poderes legislativo e judiciário.

TEASER
É utilizada para despertar a curiosidade, antecedendo a campanha de comunicação.

TÉCNICAS GRUPAIS
São meios, procedimentos ou maneiras sistematizadas empregadas em situações de grupos, a fim de obter uma ação grupal e eficaz.

TESTEIRA
Estrutura colocada no alto de *display*/gôndola contendo elemento identificador do produto ou outra mensagem.

TOTEM
Peça sinalizadora vertical ou longilínea.

TRAÇO
Definição de ilustração ou símbolo em linha, sem meios tons, em P&B ou cor chapada.

TRADE TURÍSTICO
Organizações privadas e governamentais atuantes no setor de "turismo de eventos".

URNA
Caixa para recolher os cupons de participação em operação promocional.

VACUUM FORMING
Processo permitindo obter objetos na forma desejada a partir de termoplásticos pré-aquecidos.

VALE BRINDE
Cédula impressa com direito a receber brindes.

VERNIZ U.V.
Verniz secado por radiação ultravioleta é usado em impressão gráfica para melhorar o acabamento.

VITRINE
Local específico para ambientação e/ou exposição de produtos ou peças.

VOLANTE
Material impresso em uma única lâmina de papel de baixa gramatura.

REFERÊNCIAS

ADMINISTRAÇÃO DE CONGRESSOS CIENTÍFICOS E TÉCNICOS – Massahiro Miyamoto – Ed. da Universidade de São Paulo;

ADMINISTRAÇÃO LUCRATIVA – P. Drucker – Ed. Zahar

ANÁLISE TRANSACIONAL NAS VENDAS – E. Vecchio – Ed. Vozes

AVALIAÇÃO DO IX CONGRESSO LOCAL, Seminário de Ope´s e Afins, XI Congress, VI Expocongress – Encontro Internacional de Empresas e Promotores de Eventos;

BOAS MANEIRAS & SUCESSOS NOS NEGÓCIOS – Célia Ribeiro

COMITÊ TÉCNICO DE PROMOÇÃO & MERCHANDISING

CONFISSÕES DE UM PUBLICITÁRIO – Oblvy – Ed. Difel

DO FRACASSO AO SUCESSO NA ARTE DE VENDAS – Bettiger – Ed. Ibrasa

ETIQUETA E PROTOCOLO & CERIMONIAL – Augusto Estelita Lins – Ed. Linha Gráfica

ÉTICA NA GESTÃO EMPRESARIAL – Matos, Francisco Gomes de – Editora Saraiva.

Eventos Sociais – A importância e o compromisso de cada parceiro

GERÊNCIA DE MARKETING E COMPORTAMENTO DO CONSUMIDOR – Meyrs & Reynolds

GLOSSÁRIO DE PROMOÇÃO & MARCHANDISING EM PONTO DE VENDA

GUIA DO CERIMONIAL – Sara Gomes

GUILD PARA EXCELÊNCIA EM VENDAS – Black & Mouton – Ed. Atlas

HOMENS, MOTIVOS E MERCADO – Alderson & Harbert – Ed. Atlas

MARKETING BRASILEIRO: PSICOLOGIA DE COMPRA E VENDA – Carvalli – Ed. Documenta

MODERNA PESQUISA DE MERCADO – Alder – Biblioteca Pioneira de Administração e Negócios

NEGOCIAÇÃO – Costa Curta Junqueira – Cop. Editora

NEGOCIAÇÃO: UM INSTRUMENTO DE VIDA – Roberto de Carvalho – Ed. Vozes

NOVA TÉCNICA DE CONVENCER – Vance Packard – Ed. Vozes

O COMPORTAMENTO DO CONSUMIDOR – Peter Bennet – Ed. Atlas

O CORPO FALA – Pierre Weil – Ed. Vozes

O MONGE E O EXECUTIVO – Uma História sobre a Essência da Liderança – Hunter, James C.– Editora Sextante

ORGANIZAÇÃO DE EVENTOS COM ARTE E PROFISSIONALISMO – Zitta, Carmem – Editora SEBRAE – Ceará

OS SETE HÁBITOS DAS PESSOAS ALTAMENTE EFICAZES – Covey, Stephen R.– Editora Best Seller

PLANEJAMENTO E ORGANIZAÇÃO DO CERIMONIAL E EVENTOS – Marcílio Reinaux – Novembro – 1996

RELAÇÕES HUMANAS NOS NEGÓCIOS – Carvell – Ed. Zahar

Revista Feira & Cia – Publicação mensal da Sousei Editora Ltda

SEM CERIMÔNIAS – Jack Corrêa

TURISMO EM ANÁLISE – Escola de Comunicações e Artes da USP – V. 8 n. 01 maio – 1997

VOCÊ PODE NEGOCIAR QUALQUER COISA – Herb Cohen – Ed. Record

CUSINS, Peter. Gerente de Sucesso. (Cidade): Clio Editora;

STIMSON, Nancy. Treinando seus Funcionários. (Cidade): Clio Editora;

OLIVEIRA, Heitor Chagas de. O Jogo da Malha. (Cidade): José Olímpio;

LAWSON, Ken. Como Impressionar nas Entrevistas de Emprego. (Cidade): Universo dos Livros;

HUNTER, James C. O Monge e o Executivo: uma história sobre a essência da liderança. (Cidade): Editora Sextante.

Este livro foi composto pela equipe da Editora Senac-DF, em papel offset 90g/m², capa em cartão supremo 250g/m² e nas fontes Forgotten Futurist, Palatino Linotype e Vladimir Script. Impresso por: Teixeira Impressão Digital e Soluções Gráficas.